质性研究中的
抽样和案例选择

Sampling and Choosing Cases in
Qualitative Research

［英］尼克·艾米尔（Nick Emmel）著

李 明 童宗斌 译

重庆大学出版社

献给英娜、埃琳娜·罗莎和尼娜·克拉拉

作译者简介

尼克·艾米尔

　　他在利兹大学社会学和社会政策学院讲授国际卫生和医疗保健的研究方法、社会学与社会政策等课程。他在英国和印度开展了广泛的研究,诠释和解释脆弱性之过程,重点关注健康方面的不平等和不公平。接触难以触及的个人和群体往往带来方法论上的挑战,他对这一挑战以及这些过程如何助推研究中的洞察特别感兴趣。他就这些问题发表了大量的文章,与凯瑟琳·休斯(Kahryn Hughes)合作的文章发表于《SAGE 案例研究手册》(*SAGE Handbook of Case Study Research*, David Byrne 和 Charles Ragin 主编, SAGE, 2009)。他是英国经济和社会研究会(ESRC)国家研究方法中心"现实生活方法节点"和 ESRC 的质性纵贯新方案"时间景观"的共同研究员。

李 明

南京大学新闻传播学院副教授,中国社会学会社会调查研究方法专业委员会理事,紫金传媒智库研究员。主要研究方向为大众传播与意识形态、传播学研究方法、环境传播、图像传播等。致力于社会科学研究方法类文献的翻译和传播工作,已翻译出版的方法类专著有《内容分析法导论》(第二版)。

童宗斌

南京工业大学应急治理与政策研究院研究员、法政学院副教授。主要研究方向和兴趣为社会研究方法与项目评估、社会认同与治理创新、发展社会学等。

致　谢

　　理论不是从数据中产生的，这本书也不是从我的研究经验中产生的，尽管我的每一个研究项目都以这样或那样的方式贯穿于全书。我很感谢英国经济和社会研究会（ESRC），它资助了我有幸参与的三个方法研究项目："发展方法策略以招募和研究被社会排斥的个人和群体"项目，我参与了研究方法计划；"互联生活"项目，我承担了国家研究方法中心"现实生活方法节点"的工作；"代际交流"项目，我参与了ESRC的质性纵贯新方案"时间景观"的工作。在这些项目中，与我一起做研究的同事都做出了贡献。这里要提及的人太多了，但本书第七章反复重申的论点之一正是：通过研究团队内部的讨论和辩论来产生诠释和解释。本书在这方面也不例外。

　　虽然我坚持观点原创，文责自负，我的同事们稍可宽慰，但他们还是得承担一小部分责任，因为他们鼓励了我，提出了他们的想法，争辩了他们的观点，在许多令人难忘的时刻诠释和解释了我们共同研究的方法和实质内容。我特别要感谢 Kahryn Hughes、Joanne Greenhalgh、Andrew Clark、Adam Sales 和 Lou Hemmerman。

1

Sarah Irwin、Bren Neale、Jennifer Mason 和 Mike Savage 听取了我对选择案例的思考,并提供了深刻的洞见。James Newell 一直在质性和量化方法之间充当明智的对话者。Lisa Buckner 指导我了解定量抽样的奥秘并回答了我的问题。我感谢他们所有人付出的时间和耐心。Joseph Maxwell、Graham Crow、Michelle O'Reilly 和 Karen Henwood 慷慨地回应了我对难以获取的论文和书籍的请求。Martyn Hammersley 阅读并评论了本书第四章的早期草稿,他的精辟评论非常宝贵——非常感谢。

我得到了 SAGE 出版公司的 Patrick Brindle、Jai Seaman 和 Anna Horvai 的大力支持。我非常感谢那位匿名审稿人和另一位具名的审稿人——Bob Carter。当然,在他们的支持下,这些评价和意见都已经成为我对质性研究中案例选择的诠释。不过,有一个人可以为这里写的东西承担一些责任,他就是 Ray Pawson。正是他想出了书名中的头韵,自从我第一次有了写质性研究中实在论抽样的想法时,他就对这个项目充满了热情。他对草稿的评论精辟而诙谐,偶尔还调侃我几句——在我看来,任何一本书的作者都需要这种支持。最后,我的伴侣 Inna 和我们的女儿 Elena Rosa 及 Nina Clara 都表现出了无限的耐心。我感谢和爱她们。

目录

导论:从抽样到案例选择 / 1

三种抽样案例:理论性的、目标导向性的,以及理论或

立意的 / 2

本书第一部分的架构和目的 / 6

质性研究抽样的实在论案例 / 7

本书第二部分的组织 / 10

第一部分　抽样 / 13

第一章　扎根理论中的抽样 / 15

扎根理论的发现 / 15

理论抽样 / 17

新现理论的控制效应 / 18

开放和理论敏感的研究人员 / 19

持续比较 / 21

持续比较策略及其目的 / 22

扎根理论在死亡意识研究中的作用 / 25

对扎根理论的修订 / 27

研究设计中的决策 / 28

在样本选择时接受反思 / 30

理论灵敏度和抽样、编码和新现理论的聚焦 / 32

开放编码抽样 / 33

主轴编码中的抽样：关系及非均匀抽样 / 35

选择性编码抽样：判别抽样 / 36

经验现实的扎根理论样本 / 36

客观主义扎根理论中的理论抽样 / 39

建构主义扎根理论中的理论抽样 / 42

结论 / 46

第二章　目标导向性抽样 / 47

实用主义抽样 / 48

目标导向性抽样的逻辑 / 49

目标导向性抽样的多种策略 / 51

结论 / 61

第三章　理论或立意抽样 / 64

研究人员在研究中的存在 / 64

策略和有机抽样 / 67

抽样的原因 / 68

抽样，研究问题和研究论断 / 69

为有机抽样实践设定基线 / 71

理论或立意抽样策略 / 74

初始抽样决定 / 76

田野工作中复核抽样决定 / 78

评估现场工作并继续进行:持续的抽样决策 / 79

定义一个总体:关于样本的新现诠释性描述 / 85

结论 / 89

第二部分　案例选择 / 93

第四章　实在论抽样基础 / 95

研究中理论与证据的关系:1854年霍乱案例 / 96

观念和证据 / 98

科学实在论 / 99

描述实在论样本 / 101

抽样中的生成机制 / 104

抽样过程中的内外部作用力 / 106

描述样本的语言谬误 / 109

立意工作和目标导向性选择 / 110

强诠释和解释 / 114

选择案例——预先设定和涌生 / 116

构建样本 / 118

实在论抽样策略的反身性 / 121

第五章　实在论抽样策略之立意工作 / 125

走出沼泽 / 126

林德夫妇为什么选择米德尔敦研究中的样本：诠释和
理论建构 / 129

理论构建抽样选择 / 135

变量"开膛破肚" / 138

从经验选择到实在论抽样策略 / 142

代表性 / 143

真实系统的痕迹 / 144

一项孟买贫民窟的实在论立意抽样策略 / 146

第六章 目标导向选择案例 / 151

建构的案例研究："这里正在发生什么？" / 152

从典型案例到实在论案例化："这是关于什么的案例？" / 155

案例化 / 157

案例化策略中的变换 / 158

应用立意工作：孟买贫民窟样本的目标导向性选择 / 160

洞察掘金：目标导向地选择案例 / 163

目标导向性样本框架工具与案例变换 / 167

结论 / 171

第七章 诠释和解释 / 172

接触和诠释 / 173

接触与我们相似的人 / 175

接触与我们不同的人 / 179

持续扩展的描述性基线和代表性样本的不可能性 / 182

敲门探访：从观念到证据再到观念 / 184

滚雪球、链条和网络：扩展案例的描述性基线 / 187

结论 / 193

第八章　样本规模 / 195

大数字、小样本、案例 / 195

解释的限制和案例数量 / 198

资料收集、分析和报告的实际困难 / 200

我们只有碎片，体验单一案例的丰富性 / 201

从案例到论断 / 207

数字 n 的诱惑 / 210

理论饱和的限度 / 212

$n = 12$，如何让人安心？ / 216

使样本发挥作用 / 220

第九章　质性研究中的案例选择 / 224

实在论 / 225

立意工作 / 227

目标导向性案例选择 / 227

案例化 / 228

结论 / 229

参考文献 / 231

导论:从抽样到案例选择

　　我不确定"抽样"一词是否恰当表述了质性研究中的案例选择行为。就含义而言,"抽样"在研究中最常指代下述两种行为:第一,界定总体,从总体中抽取具有代表性的样本;第二,确保既定总体的每个人或者事物都有大于零且可测量的概率被抽取。从阿瑟·里昂·鲍利(Arthur Lyon Bowley, 1906)到斯蒂芬·戈拉德(Stephen Gorard, 2007),这些统计学家所主张的上述规则,并不适用于质性研究的案例选择。相反,如本书所述,质性研究中所发生的抽样,颠覆了这两条规则,并且从一个很不一样的角度考虑测量结果。

　　尽管如此,我还是不得不使用"抽样"这一术语,因为大多数探讨质性研究方法的作者都用该术语描述抽样单位被选入研究的过程。

　　如果说我的发现是"抽样"一词不符合目的,那么其他众多不同作者则是提出了五花八门实现抽样的策略，多得让人完全混淆。对于该从哪儿着手开始收集一个样本，研究者的观点有着相当大的分歧。如果某个作者坚定支持使用便利抽样（convenience sampling），那么另一个人将会坚决反对使用这一策略。如果某个作者为从数据中浮现的理论找到理由，以决定下一步如何选择某项研究的参与者，那么下一位作者则提倡将成熟的研究问题和持续的智识工作（intellectual work）纳入抽样策略。研究样本在研究中如何体现作者的主张，也颇具争议。对一些人而言，样本是扎根理论的载体，在编码中涌现并被发现。对另一些人而言，作为理论的主张扎根于样本的现实生活经验。至于样本规模，有的作者支持对一类特定的研究用一个极为具体的数字，然而另一些人则主张样本规模并不是问题，关键在于研究人员如何使用从可用资源中收集的案例来说服受众。

三种抽样案例：理论性的、目标导向性的，以及理论或立意的

鉴于这些建议中分歧频现，在质性研究中用相当模棱两可的方式描述抽样也就不足为奇了。故此，用来形容抽样方案的术语——理论的（theoretical）、目标导向性的（purposeful）、立意的（purposive），含义丰富且有时相互矛盾。这些含义的区别常常被人忽略。在写本书期间，我发现了以下表述，这些话引自同行审查刊

物中报告质性研究的论文。(我没有公布作者的名字,因为我不想贬低任何人。必要时我还重构了句子,这样用谷歌简单搜索这些句子就无法轻易找到出处。)思考如下几句话:

1. 我们使用了一种扎根理论方法进行理论化抽样(Glaser and Strauss,1967;Strauss and Corbin,1990)。

2. 我们采用理论化和目标导向性抽样(Morse,2007;Patton,2002)。

3. 我们的样本是理论的或立意的(Charmaz,2006;Mason,2002)。

我选择上述三条引文,是因为我认为拿它们来教学挺有效。这三条都概述了与方法有关的主导理论,这些方法为质性研究中产生有关社会世界的知识奠定了合理的基础。同样,通过研究抽样策略我发现,探讨质性研究中抽样问题的方法论者虽然相当少,但他们却存在相当大的认识论差异。为了理解这种差异,本书的第一部分在三个章节中呈现了三种案例。

众所周知的理论抽样,及其相应的认识论假定,即理论在经验观察的互动中被发现、凸显或建构,被用来解释和全面地界定第一个案例(第一章)。这个经验主义,如我在第一章中所述,用"扎根理论"术语将千差万别的方法论集合在一起。但是这个案例也经由这些方法论呈现和解释了相当明显的分歧。理论抽样在扎根理论方法中的默认和落实存在两个非常不同的路径,并在对最初引文中的权威文献比较中作为典范。不过扎根理论的某些基本假设从其发端的方法论里程碑著作《扎根理论的发现》(*The Discovery of Grounded Theory*, Barney Glaser and Anselm Strauss, 1967)以来, 一直大致相同, 除了在理论抽样方面出现了显著变化。第一条引文中的扎根理论有两个论述, 两者对执行理论抽样的研究者角色有着非常不同的描述。对巴尼·格拉泽和安塞姆·斯特劳斯(Barney Glaser and Anselm Strauss, 1967)而言, 理论抽样通过开放的媒介达成, 理论敏感者的**空白状态**(白板)(也是这个招致了对扎根理论构想的轻蔑批评)对他们来说是保持研究者与研究的客观距离。客观与主观(的争辩)让质性研究出现了实证主义转向。

20世纪后期和21世纪早期在社会科学中出现的更广泛的争辩, 其影响也贯穿于对理论抽样的考察。我在第一章中概述了扎根理论方法论出现的实证主义分歧, 这一分歧在对格拉泽和斯特劳斯与建构主义扎根理论的比较中已经被描述。

我将简要地阐述建构主义扎根理论。扎根理论的第二条道路的路标, 是由斯特劳斯和他的方法论新盟友科宾所建(Strauss and Corbin, 1990)。白板被一种操作指南所取代。研究者被鼓励先设想好选择谁进行研究; 发现的机会被明确的计划和策略所取代。正如斯特劳斯和科宾(Strauss and Corbin, 1980:46)所强调的, "机会只青睐有准备的人"(引自路易·巴斯德)。机缘巧合和准备好去发现有着相当大的差距, 所以最初引文中的扎根理论工具有两个不同版本。

第二条引文由"目标导向性抽样"这一术语串联起来,珍妮丝·摩尔斯(Janice Morse,2007)和迈克尔·奎因·巴顿(Michael Quinn Patton,2002)都用该术语来描述抽样策略。然而,这两位方法论学者运用这个术语的方式大相径庭。对摩尔斯(Morse,2007)而言,目标导向性抽样是运用于聚焦扎根理论中理论样本的一种方法或策略。如我将在第一章中展示,摩尔斯修改了实证主义和客观主义版本的扎根理论。对她而言,目标导向性抽样是嵌套在理论抽样中的一种策略,用以聚焦和检验通过对比便利抽样中的事件而产生的新现概念。

这种策略与巴顿(Patton,2002)阐述的目标导向性抽样完全不同。务实的判断被用于展示一个目标导向性样本如何从信息丰富的案例选择中获得自己的逻辑和影响。研究人员选择这些案例,为研究的核心问题提供洞察,并时刻关注研究受众、资源以及将要讲述的最佳故事。

在巴顿的目标导向性抽样定义中,"便利"没有起任何作用。如何将研究者的判断落实到研究中的样本选择,是目标导向性抽样策略的关键差异所在。巴顿对目标导向性抽样策略的构想是第二章的主题。

第三条引文同样也借鉴了扎根理论,强调了扎根理论在质性研究中的影响。并且,如我上文所提及的那样,强调扎根理论中惯用语的显著差异。凯西·卡麦兹(Kathy Charmaz,2006)的建构扎根理论纳入了在社会科学领域常被称为反身性转向的转变。这种转变体现在将话语和语言赋权为事物存在的前提。理论是通过研究人员和参与者的反思行为共同构建的。

最后一句引文引述的第二位方法论者詹尼弗·梅森（Jennifer Mason, 2002），对反身性（reflexivity）持有完全不同的立场。这在她关于理论或立意抽样（purposive sampling）的描述中有所体现。这是第三章中呈现出的第三案例的关注点。这案例的边界是质性研究中另一个由来已久的方法——分析归纳。梅森（Mason, 1996, 2002）认为，研究人员明确地为他们的研究投入了大量的智识工作。他们对谁或者什么进行抽样，取决于这项工作和样本经验轮廓（empirical contour）的相互作用，这反过来又会在策略或者组织层面影响抽样。在理论或立意抽样相关描述中，并没有说转向反身性，因为它一直是这些有力的演绎和分析归纳策略的一部分。

本书第一部分的架构和目的

本书第一部分可理解为三个传统的方法学调查，我已在上文大体概述过：第一，扎根理论经验主义和处于从实证主义到建构主义连续统的理论抽样；第二，务实的研究人员实施立意抽样方案的可行性和判断；第三，理论或立意抽样的强阐释性的分析归纳。前三章中的一个特点就是，这三个案例都通过概述证据、意义和心理现象（以下称理论或想法）之间的特定关系将现实定义为独立于我们描述之外的社会现象。这些案例对于质性研究中抽样该怎样推进都提供了不同的描述和合理解释。

这三章可解读为理论的、目标导向性的，以及理论或立意的三个抽样策略及案例的入门指南。本书的第一部分可以作为一个整体来看，从中以不同方式思考质性研究中的抽样，继而获得方法论和实践层面的洞察。这是我对第一部分教学的建议。

质性研究抽样的实在论案例

本书第二部分提出了一种实在论抽样方法。约瑟夫·马克斯威尔最近公开了一种质性研究的实在论方法，认为在质性研究中"实在论能够做一些严肃和重要的工作"（Maxwell, 2012: viii）。此处的"工作"指的是实际方法和技术，它们源自实在论者思考世界的方式以及为合理探索世界而提出的主张。马尔科姆·威廉姆斯（Malcolm Williams）认为，方法论是"社会世界形而上学和它的方法的桥梁"（引自 Letherby et al., 2013: 114）。第二部分主要讨论了实在论质性研究的方法论及其对方法和技术的影响，包括抽样、厘清观念与作为案例的证据之间的关系、证明研究样本规模的合理性这些来自实践的挑战。

本章结尾，有关实在论抽样方法的争论使用了来自社会科学各学科研究中的例子，大量这样的研究并没有明确提示运用了实在论的方法论，我已经对此说明和解释过。在某些情况下，像致谢中写的那样,拿我的重新解读去和原作者讨论的机会已经出现,但是在许多情况下这还不可行。我希望我呈现他人作品的方式反映了我在他们作品中看到的方法论的复杂性。

我想,之所以我能识别出研究人员所用方法中的实在论,是因为他们绝大多数就是实在论者。如雷·波森和尼克·蒂利(Ray Pawson and Nick Tilley, 1997:56)观察的那样,"声称是'实在论者'有时就像选择站在了'良好'一边"。确实,从长期来看,从社会研究到结构研究,从玄学研究到科学研究,对实在论的运用似乎没有尽头。有时候我觉得有多少开展研究的实在论者就有多少种实在论。如我下文的讨论,实在论的主要特点之一正是我们对现实解释的暂时性是难以避免的。本书主要着眼于批判实在论和科学实在论的运用。第四章更加细致地讨论了选择实在论的潜在影响。下述命题所展示的就是我当下采取的科学实在论的五种立场。

命题一:"社会现实并非简单通过描述和观念就能掌握,而是更丰富、更深刻"(Malcolm Williams 引自 Letherby et al., 2013:105)。现实是分层的,关于我们所调查的社会对象的理论涉及现实世界的实际特征和属性。这些属性包括真实的和相对持续的机制。罗伊·巴斯卡(Roy Bhaskar, 2008:221,括号为原文中强调)认为"该机制即为事物的作用力。不同于(包含变化的)事件,事物是持续存在的"。作用力、倾向性和意向是任何质性研究中实在论抽样解释的重要部分。这些东西有着因果效应,它们对行为有影响,并且效果显著。研究人员对其研究事物的概念也是一种作用力。但是,如马克斯威尔(Maxwell,2012:13)主张的,"我们的概念指涉真实现象,而非从感觉材料(sense data)或纯粹的人为建构中得到的抽象"。

命题二:对真实现象的描述,包括研究中的抽样,是弱建构。我们至多说它们提高了我们寻求诠释和解释社会对象的意识。

命题三:实在论研究在观念和证据之间曲折进行。它既不起始于具体的实证例子(归纳),也不起始于一般性陈述(推论),而是通过引入证据来检验和完善含混而薄弱的想法(或者是大胆而天真的假设)。实在论研究揭示了观点与证据的关系。样本选择和它们作为案例的方式贯穿着研究,在某种程度上帮助研究者解释自己曲折的调查路线。

命题四:只有现实,特别是社会世界,是相对持久的。如命题三讨论的,我们的诠释和解释致力于揭示观点和证据之间的关系。我们用模型(不太夸张的表达是"精简的想法")来呈现这些关系(Greenhalgh et al.,2009),它们可以从一个复杂的系统转移到另一个系统进行验证和改进。但这些模型永远不能被描述为典型案例或关键案例(如同在分析归纳中发生的那样)。正如玛格丽特·阿彻(Margaret Archer,2000)的主张,诠释和解释是由无法简化的内在思考和开放社会系统中的外在公共事件(public outworking)构成的。

命题五：诠释和解释——内部人的视角和外部人的理解不能被分隔开来，且总是暂时性的。它们关联着中观层次理论，试图解释什么在何种情况下对谁适用，以及为何适用（Pawson and Tilley，1997；Pawson，2006，2013）。它们解释特定的生成机制（M）——命题一中讨论的因果作用力——如何在特定语境（C）中对社会规律起作用，产生可观察的结果（O）；或像雷·波森和尼克·蒂利更简洁的呈现：C+M=O。我们通过与所处的科学界进行重复且批判性的交流和互动来推进调查，以检验和改进这些理论。

本书第二部分的组织

本书分为两部分。第一部分我已经在上文讨论过了，运用抽样方法的实际例子，对扎根理论性抽样、目标导向性抽样、理论或立意抽样展开方法论的论证。第二部分聚焦质性研究中的实在论抽样方法，其中我经常会因为一些原因再次论及本书第一部分提过的方法论辩论。

第四章阐述了一种实在论策略的抽样基础。此部分考量的是影响研究的内外部因果作用力和生成机制。接下来的三章阐述实在论抽样策略的三个关键因素。第五章考虑立意工作和假设（大胆或天真的猜想）如何影响样本选择。第六章聚焦于目标导向性选择，探讨实在论案例化策略如何不同于建构案例和典型案例,以及案例在研究中如何被转化。第七章讨论了案例化的方法论策略,揭示观念和证据之间的关系,以拓展研究中新的诠释和解释。第八章是对样本规模的思考,汇集了本书第一部分方法论辩论的关键内容,以及质性研究中实在论抽样策略的方法学。第九章则呈现了质性研究中样本选择的实在论方法(本书主张的)。

第 一 部 分
抽 样①

---

① 原书这里的标题是"The cases",但该部分的三章讲的都是"抽样",所以中文版用"抽样"作为标题,以便与下一部分更好地区分。——编者注

第一章 扎根理论中的抽样

本章阐述的是本书三个案例中的第一个,扎根理论中的理论抽样。从巴尼·格拉泽和安塞姆·斯特劳斯在《扎根理论的发现》中的开创性论述到近期对扎根理论的建构主义解释,本章汇集了近50年来的方法论阐释。关于理论抽样应怎样在研究中推进的讨论,反映了更广泛的方法论争辩,即我们如何合理认识社会世界。本章讨论了明显存在的多样性。案例的边界被多样性的扎根理论方法持久的原则所定义;理论通过实证研究(empirical investigation)产生或者被发现,在这过程中,理论抽样的决策和实施发挥了关键作用。

扎根理论的发现

令巴尼·格拉泽和安塞姆·斯特劳斯担忧的是,直到20世纪60

年代,质性研究的作用在美国还被视为检验理论。质性研究通常是提供洞察和假设的初步探索性工作,这些洞察和假设有待通过量化方法更为严谨地验证。这些方法论者想要表明质性研究本身就是一套体系,能够科学可靠地描述社会世界,而不仅仅是量化研究的有效前奏。质性研究采用正确的方法论策略,通过社会互动的质性调查,能够产生可信、可靠、有用的理论。

格拉泽和斯特劳斯(Glaser and Strauss, 1967:32)认为,理论是"过程理论",是一个不断发展的、不完美的产品。通过持续比较的严谨方法,质性研究可以产生符合不同水平普适性的理论。理论可能是经验性和实质性的,如病人护理、种族关系,或组织中的关系。在更抽象的层次上,理论可以是形式的和概念性的社会理论,例如耻辱、越轨行为,或权威和权力。这些经验和形式理论被格拉泽和斯特劳斯描述为默顿(Merton, 1968:39)式的"中层理论",即指:

中层理论是处于有关社会系统的一般理论(与具体类别的社会行为、组织和变化之间的关联甚小,无法直接解释被观察到的事物)和具体描述(对事件中细节无法概化但细致有序的描述)之间的中间事物。当然,中层理论也涉及抽象概念,但它们足够接近观察到的数据,可以被纳入允许实证检验的命题中。

扎根理论的发现面临的挑战是对方法的系统化,以便能够从经验观察中生成扎根(中层)理论,进而通过经验观察检验这些理论。这些观察是对人们社会交往的修饰和理解,是一种符号互动论式的意义生产。扎根理论,通过调查微观经验的相互作用,可以发现介于"日常生活中的'次要工作假设'和'包罗万象'的宏观理论之间的理论"(Glaser and Strauss,1967:33,引号为原文中强调)。理论抽样在发现和检验理论阶段很重要。

理论抽样

理论抽样,是质性研究中通过调查经验社会世界来生成理论的一种方法。扎根理论在"扎根"的地方发现理论,它是可以观察到的,并且可以从群体的日常社会互动行为中加以解释。赫伯特·布鲁默(Herbert Blumer,1978:38)使用了一个"揭开面纱"的隐喻,这掩盖了研究人员想要研究的群体生活领域。而且,进一步的比喻中,研究是"通过仔细研究来(在这些群体的生活中)深入挖掘"。扎根理论在其研究中尊重且保持接近这些经验领域。

根据格拉泽和斯特劳斯的观点,要使经验社会世界中难以看到的要素变得可见,需要在理论抽样中考量三个不同的维度,包括新现理论的控制效应(controlling influence)、开放和理论敏感的研究人员,以及持续的比较。

新现理论的控制效应

新现理论是理论抽样过程的核心。在此过程中,研究人员:

> 共同收集、编码和分析……数据,以及决定接下来收集哪些数据、在哪里找到这些数据,以形成理论(Glaser and Strauss,1967:45)。

这里强调的不仅是抽样的方法论过程,还强调了理论生成过程的重要作用。因此,我们不能只谈论理论抽样的样本。理论抽样既不能具体化为某个事物(研究人员对要抽样的人、组织、文件或研究工具的识别),也不能确定未来的研究样本。相反,研究人员不断由新现理论指导到哪里去寻找他们的样本。结构(或实际)问题不是确定样本的指南;更确切地说它是新现理论的客观标准。格拉泽和斯特劳斯(Glaser and Strauss,1967:47,斜体为原文中强调)认为:

> 理论抽样的基本问题是:在数据收集中下一个小组或子群是什么? 此外,为了什么理论目的?

以这种方式概念化样本时,扎根理论方法使自己远离量化研究的抽样策略和那些为了验证理论的质性研究人员。格拉泽和斯特劳斯(Glaser and Strauss, 1967:30)认为,质性研究者既不需要"了解整个场域",也不需要通过随机选择确保既定总体中的个体都有同等的机会被抽中,以使得样本中的所有事实都具有代表性。在使用理论抽样时,研究人员并不寻求对其所研究具体情况的绝对代表性。他们的目标是通过写备忘录和编码为一般或者特定情形/问题形成一般类型和它们的属性。

通过这些备忘录和编码,理论解释与特定的社会现象相联系。但是,在强调将理论抽样与突生数据联系在一起的非个体主观方式时,扎根理论的主旨是通过保持研究人员和被研究人员之间的距离来保持客观。早期扎根理论关于理论抽样的描述持有强烈的实证主义方法色彩。研究者作为开放和理论敏感的表征强调了这种实证主义。

开放和理论敏感的研究人员

由新现理论推动的抽样方法引出以下问题:从哪里开始?格拉泽和斯特劳斯(Glaser and Strauss, 1967)认为,部分取决于研究者的个性和气质。扎根理论者是开放和理论敏感的研究人员。起初,研究人员从一个不完整的和粗略的研究观点入手。他们只有一个待研究问题的基本轮廓。研究人员必须警惕基于先入为主的框架决定对什么进行抽样。实地发现概念时的开放性被认为是重要的,这种开放性确保研究人员在研究的早期阶段能够识别和完善概念。影响早期实地抽样的这些概念不过是一般的社会学知识和对研究中一般问题领域的理解。格拉泽(Glaser,1978:44)认为,研究人员可以去任何地方,与任何人说话或听任何人讲话,读任何东西,脑子里只想着核心问题,但是,研究者必须"能够概念化"。

能够做理论抽样的研究人员具备接受实地研究新现理论的特质。一位完全开放的研究人员"往往比其他有一些预先想法和观点的人更容易接受新现(理论)"(Glaser,1978:46),虽然它勉强承认,研究人员确实会用一些理论进行研究。但这一理论必须根据实证数据和新现理论加以阐述和检验。大多数理论通过观察、看、听、读,记录特定事件。开放思想指引研究人员对所观察事物进行编码以及生成新现理论。理论抽样前期,研究人员搜索这些事件,当它们被找到时即视为完成抽样。例如,格拉泽和斯特劳斯(Glaser and Strauss,1967)谈论他们如何坐在医院病房的护士站看护理人员工作,或与关键知情人谈论研究领域。谈话是广泛的,观察是普遍的。

在研究早期,关键在于对各种事件进行抽样和探索,以发现潜在一致性和变化情况。鉴于早期研究基于开放性,研究人员无法避免错误的开端和无法触及所研究概念的开端,但是格拉泽和斯特劳斯(Glaser and Strauss,1967)向我们保证,通过理论抽样的持续比较,这些失误可以很快得到修正。

持续比较

理论抽样的第三种控制影响是持续比较。表1.1呈现了格拉泽和斯特劳斯在理论抽样中支持的各种比较。随着研究的推进，理论抽样第一阶段中事件抽样的线性进程受到理论（一般被描述为概念）调节。持续比较会寻求不断完善的新现理论。理论抽样变得更有选择性，侧重于研究者新现理论中确定的概念。

表1.1 理论抽样中的持续比较：概览
（参考 Glaser and Strauss, 1967 及 Glaser, 1978）

阶段	理论抽样活动	目的
1	事件与事件之间的比较	建立基本的同质性和异质性条件
开放编码和发现概念的分析		
2	从概念到更多事件	检验概念以丰富它们的解释力，细化和生成更进一步的概念
3	从概念到概念	建立概念以与一组指标进行最佳匹配，进而利用概念之间的假设来发展理论
选择群体来控制理论的范围和概念水平		
4	实质领域的外部比较	在数据之外，以文献和实例加强扎根理论的"稳健"性
5	超出实质领域的外部比较	生成形式理论的必要条件

持续比较最初聚焦于可观察的事件[如某一特殊行为，像格拉泽和斯特劳斯（Glaser and Strauss, 1967）以护士应对病入膏肓的患者的方式为例]，保证收集到可编码的充足数据。从这些编码中，

可以编写描述理论概念的备忘录,经过详细说明后,能够对研究中的个体和群体进行理论抽样。理论抽样比针对预先计划的群体收集数据要困难得多;理论上选择的个人和群体需要通过思想、分析和搜索来做出决定。该样本持续被纳入研究是出于一个战略原因,即检验新现理论。格拉泽和斯特劳斯又一次将他们自己区别于其对手——理论的验证者。他们认为,收集证据不是因为它能够准确描述或验证一些预先设置好的理论命题,研究人员选择群组也并非因为这些群组在特定变量上表现出差异。逻辑不是这样的:"我计划在这组抽样,因为他们使用此服务,以及在那组抽样,因为他们不使用此服务。"这些证据规则不利于理论的发现。之所以选择某些群组是因为他们产生的数据与研究中的特定类别有关。研究人员搜索在不同情况下展现研究中某个类别的群组。因此,在他们的**死亡意识**研究中,格拉泽和斯特劳斯(Glaser and Strauss,1965)观察护士与患者在医院、家、养老院、救护车,甚至发生受伤事件的大街上的互动,以及由此发生的各种不同互动,即这些护士和患者之间各种相互作用。这种多样性的调查使研究人员能够观察到各类别的相似的和不同的属性。

持续比较策略及其目的

接下来选择哪一组进行抽样还有三个考量。首先,研究者希望用他们的理论来达到的一般性范围。理论的范围是什么? 它是否涉及一个特定的情形,或者它也对其他情形做出论断? 如果格拉泽和斯特劳斯1965年关于**死亡意识**(在上一节讨论过)的研究是在医院开展的,那么这个理论将只局限于医院。理论的范围将受到这些选择的限制。

第二个抽样选择是最小化或者最大化数据类别的相似属性。早期研究发现的这些概念类别被转化为假设,用类似和相异的群体加以检验。在研究中这一策略的目的有三个。用格拉泽和斯特劳斯的表述,即它"促使"研究人员在他们的新现理论中生成类别、属性以及相互关系。在类似群体收集到的类似数据验证了类别的有用性,有助于生成基本属性,并为构建新现理论提供实证基础。了解这些情形使研究人员能够预测理论对其他情形的通用性。通过最大化的相异群体之间的类似数据类别的策略抽样,这些主张可以变得更有力并且新现理论被完善。新现理论的范围得以扩展。

格拉泽和斯特劳斯(Glaser and Strauss,1967)所描述的扎根理论的首要逻辑是其实施的线性度(linearity)。这就是对表1.1中每个阶段进行编号的原因。联合收集、编码和数据分析的迭代工作发生在每个阶段。尽管他们接受一些阶段工作内容的部分重叠,然而发现新现理论的严谨性取决于从一个阶段到另一个阶段的理论抽样。通过最小化研究中所选取的群体之间的差异来建立概念、属性和类别的基本工作先于最大化策略。开放和分类的前期工作是新现理论的前身。对最大变量进行抽样,以便:

　　尽可能广泛地覆盖范围、连续统、后果、关系的概率、过程、结构机制……这一切都是详细阐述理论所必需的（Glaser and Strauss，1967:57）。

　　然而,这样的洞察需要这些方法论者接受一件事:随着他们对现象的理解的改变,他们可能不得不重新审视自己前期的数据采集。因此,例如,格拉泽和斯特劳斯(Glaser and Strauss,1967)注明了,通过观察马来人家庭在马来西亚照顾他们即将死去的亲属的方式,他们不得不回到自己针对美国家庭的数据。他们的概念框架将美国家庭的特征定义为忽视他们临终的亲人,认为这是累赘。但是对数据的重新检查使他们在数据中找到了"不那么明显"的现象,使他们发现了美国家庭关心他们临终亲人的几种不同方式。

　　持续比较的目的是将经验理论推广到形式理论的领域。格拉泽(Glaser,1978)认为,只有新现的和经验生成的理论趋于稳定,才能进行理论抽样。故此,研究人员最后可以在图书馆竭力搜寻其他研究和其他理论描述,或对不同或不可比的群体进行抽样。这些比较为研究人员提供进一步的实例,促进从形式理论上更高概念的层面进行解释,以及拓展研究发现的范围。

扎根理论在死亡意识研究中的作用

格拉泽和斯特劳斯(Glaser and Strauss，1965)的死亡意识研究对扎根理论的发展有着重要影响。他们注意到，他们几乎在该研究报告的每一页都写了"理论"二字。他们感兴趣的不是那些被发现的理论——无论它们多么有吸引力，而是用于生成理论的方法，尤其是关于在研究中对谁和什么进行抽样的决定。在附录中，格拉泽和斯特劳斯(Glaser and Strauss，1965)讨论了他们的数据收集和分析方法。第一个显著特点是进入研究领域前完成的大量工作，这似乎与《扎根理论的发现》立场不一致。他们讨论了数据收集的初步阶段，这一阶段"影响后续的数据收集和分析"(1965：286)。在这一部分中，他们讨论个人的情况和经验如何影响他们对其研究兴趣(死亡和死亡意识情境)的理解。作者们描述这些情况和经验如何影响着早期研究的理论发展。首先，一个状态被描述为"封闭意识"和随后斯特劳斯在他母亲去世时经历的"相互伪装意识"。不久后，他参与的"精心设计的共谋游戏"是让朋友没有意识到他即将死亡(封闭意识)(Glaser and Strauss，1965：287)。后来，格拉泽也经历了父亲去世，并通过父亲临终时专业人士与家人谈论父亲的方式，获得了关于死亡期望的社会学洞见。

作为一个初步的数据收集，格拉泽和斯特劳斯(Glaser and Strauss，1965：287)系统地编制了死亡期望和意识情境的概念(以及类型），以及意识概念的研究范式。这指导了他们的初步数据收集，但他们作为研究人员，其调查社会交往的开放性和理论敏感性也凸显出来：

> 田野工作允许研究人员投身到社会环境中，在那里，重要事件（他们借以发展理论）的发展是"自然"的。研究人员在时间的推移中不断观察这些事件的发生。他们在相关的社会戏剧中观察演员。他们针对其观察到的行为正式采访演员或与之交谈（Glaser and Strauss, 1965：288）。

从死亡意识研究的备忘录中可以看出，理论一直存在于研究者脑中。他们从一开始就做出决定，先观察那些患者死亡意识最薄弱的场所——早产婴儿服务机构和治疗昏迷病人的机构，然后是患者危在旦夕的场所——重症监护室，接着是医护人员预计患者死亡进程缓慢的场所——癌症服务机构。这项研究是一个持续比较，其中的各组是依照新出现的分析框架的逻辑进行抽样的，其目的是：

> 验证（在各种背景下）我们最初的和后来的假设，提出新的假设，并提供新的数据，无论是在类别上还是类别的组合上（Glaser and Strauss, 1965：289）。

这种比较的目的是通过寻找可以检验假设的结构性条件来扩

大他们的研究范围,同时界定理论及其共性。通过研究中持续比较的方法,论断被归类。他们的意图通常是构建实质性理论,忠实于他们观察到的经验情况。格拉泽和斯特劳斯(Glaser and Strauss, 1965:276)认为,这种忠实性,"不能仅仅通过将形式化的理论应用于实质领域来表述"。

对扎根理论的修订

1990年,斯特劳斯和新搭档朱丽叶·科宾(Juliet Corbin)发表了关于扎根理论方法论的修订版。他们对理论抽样的贡献有一个相当不同的感觉。在某种程度上,这两位作者想如何发展扎根理论可以从他们著作的副标题中看出——"Techniques and Procedures for Developing Grounded Theory"。《质性研究的基础》(*The Basics of Qualitative Research*, Strauss and Corbin, 1990)讲的是程序和技术。这是一个对他们感知到的一些问题的实际回应,有原创的方法论路径,包括理论抽样。

《扎根理论的发现》一书忽视了研究中的资源。程序虽然被讨论,但它们的实用性往往很难把握;这些似乎像一张无须过度担心的期票,当你通过新现理论寻找样本的时候,你会很快找到自己的方位。也许你读到这里时,会回忆起(以往学界的)太平的日子(如果它们真的存在),那时候本科和硕士论文没有固定的上交日期,博士研究没有限时三年完成,研究的赞助人并没有过分关注研究产出是否可以造成影响。我们不断被迫在我们开始研究前就判断出关于其资源可能产生的影响。直白地说就是：这要干多久？我们需要多少研究时间？而这要花多少钱？这些问题的答案是开放式的。它们（上述问题）大部分要由资助机构审批时的偏好次序、我们学习和研究所在的机构及迫切的社会需要等多个因素才能明确。即使曾经存在这样的时代——研究人员可以从一个重要问题入手展开放式研究，那么这样的时代也已经远去了。

相比于格拉泽和斯特劳斯的著作《扎根理论的发现》和巴尼·格拉泽的著作《理论灵敏度》(*Theoretical Sensitivity*, 1978)中不切实际、近乎神秘的语气，凯丝·梅利亚(Kath Melia, 1996:375)认为，斯特劳斯和科宾(Strauss and Corbin, 1990)的著作在方法层面相当公式化和规则化。例如，科宾和斯特劳斯(Corbin and Strauss, 2008)在他们早期著作的修订版中列举了理论抽样的15条规则。这两个版本所声称的意图是，他们制定的技术和程序将使学习扎根理论更容易。

研究设计中的决策

除了阐述这些教学问题、承认研究设计和实施过程中资源问题的重要性，斯特劳斯和科宾(Strauss and Corbin, 1990)也重新塑造了理论抽样中研究者的角色。开放的、理论敏感的研究人员对于理论抽样至关重要，格拉泽和斯特劳斯(Glaser and Strauss, 1967)

在《扎根理论的发现》中提倡理论抽样，上文也讨论过它。这些研究人员在设计研究时需要更具反思性和主动性。现在，研究人员必须处理的不仅仅是研究问题。他们现在被要求花时间提出研究问题和研究目标，并计划如何利用可得的资源达到这些（研究问题和目标）。"扎根理论研究的研究问题"，斯特劳斯和科宾（Glaser and Strauss，1990：38）认为，"是辨认所要研究现象的一个声明。"

社会现象具有社会世界的特征，这种特征可以这种或那种方式描述。这些描述使用变量和类别。虽然它们可能被视为不足，但从起初架构一个研究（study）的调查（research）一开始，它们就是研究人员可获得的概念。科宾和斯特劳斯在修订扎根理论过程中对研究的架构（framing）有所延展。他们观察到，在设计研究中，需要考虑：

> 与特定现象（该现象还未被识别、未充分发展或者人们对其知之甚少）有关的概念，对课题的进一步解释对增进理解是必要的（Corbin and Strauss，2008：25）。

他们强调，不是所有有关现象的概念都是在研究中出现或发现的。有些概念需要研究人员在制订研究计划时就构想和设定出来，但它们将不可避免地被视为存在缺陷。

格拉泽（Glaser，1992）对这种关注重点和方法形式上的变化，批评得最为强烈，他以相当轻蔑的方式，将这种扎根理论中新方法论的发展描述为"全语境描述"。并指出：

> 扎根理论的研究问题不是确认对所要研究的现象的声明。难题出现,有关难题的问题出现,以此来指导理论抽样。研究重点来源于开放性、编码、理论抽样收集和持续比较分析(Glaser,1992:25)。

格拉泽进一步指责斯特劳斯和科宾误解扎根理论的原理。他认为,新策略摒弃了理论敏感性,也就摒弃了理论抽样。在格拉泽看来,通过观察事件促进理论的自然形成被取代了,变成通过某些策略促使理论的产生,这些策略将对现象的先入为主、实质性的理解带入研究设计中。

在样本选择时接受反思

斯特劳斯和科宾(Strauss and Corbin,1990)回应了关于质性研究方法的新思路。研究与研究人员之间的客观距离的要求影响了早期关于扎根理论的方法学描述,但是在一定程度上已经被研究人员是研究中的反身性参与者的认识所取代。决定谁或什么样的样本不再完全由新现数据引导,但至少部分是由研究人员决定。

然而,斯特劳斯与科宾(Strauss and Corbin,1990;Corbin and Strauss,2008)对扎根理论做出的修改并没有用全新的思考打破扎根理论的均衡。他们的做法是渐进主义的。扎根理论的修订版本坚持的仍然是《扎根理论的发现》所制定的原则,即通过抽取理论相关事件来进行理论抽样,在书中被描述为:

> 人们做什么,他们如何互动和行为(在引起这些行为、互动及其变化的条件范围内);随着时间流逝,条件如何变化或保持不变,且有着怎样的影响;此外,实际的或者失败的行为/互动、从未执行的策略带来的影响(Strauss and Corbin,1990:177)。

理论抽样仍然牢牢地锚定在观察到的经验数据上,并由象征性互动和持续比较引导。格拉泽和斯特劳斯最初制定的扎根理论,抽样帮助研究人员发现和联系相关的类别,找到它们的属性和范围。但是,尽管为辅助教学的陈述是充满规则且结构化的,但是由斯特劳斯和科宾(Strauss and Corbin,1990)提出的方法是不如其前身更加实证主义的。这种修订接受研究人员将理论带入研究的方式,特别是在早期阶段。尽管如此,来源于微观实证观察的理论生成仍然指导着大部分研究的抽样。这些修订影响了研究模型,使扎根理论失去了它的线性结构的探索。正如图1.1所示,斯特劳斯和科宾(Strauss and Corbin,1990)、科宾和斯特劳斯(Corbin and Strauss,2008)提出的抽样策略呈现漏斗状特征,通过开放性、主轴性和选择性的编码和抽样,抽样随着研究进展变得更加聚焦。而且,下一节中我们将看到,理论灵敏度的概念化方式也有所改变。

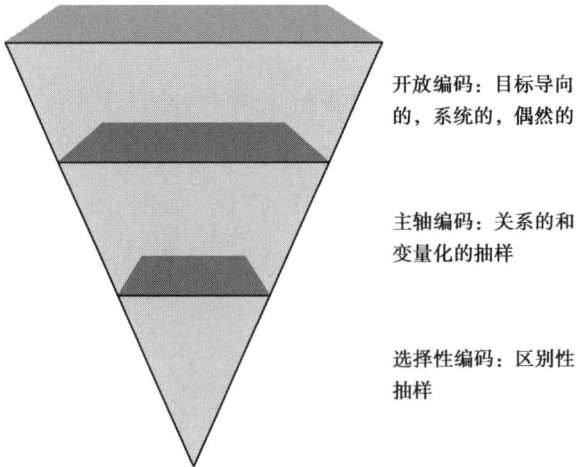

开放编码:目标导向的,系统的,偶然的

主轴编码:关系的和变量化的抽样

选择性编码:区别性抽样

图1.1　研究人员对调查现象理解的聚焦过程:斯特劳斯和科宾(Strauss and Corbin,1990)描述的扎根理论里的抽样和编码的漏斗状结构

理论灵敏度和抽样、编码和新现理论的聚焦

斯特劳斯和科宾(Strauss and Corbin, 1990)认为,初始的概念和观察可以促进根据文献、现有研究和经验制订研究计划,从而根据主要研究问题选择地点或者群组。这些总体性考量也有助于决定采用的数据类型(比如,观察或访谈),以"更好地获取所需的信息类型"(1990:179)。此外,这些考量使研究人员能够制订关于研究如何开展的详细的方法学计划。例如,有人表示:

如果要研究一个发展或演变的过程,你初步决定的可能是:观察同一个人随着时间推移(的表现),还是不同的人在不同节点(的表现)(1990:179)。

可以看出,该表述中对初步决定的强调与格拉泽和斯特劳斯(Glaser and Strauss,1967)在扎根理论的早期构想中是不同的。

研究人员对样本细化和理论敏感度之间关系的阐释也迥异于扎根理论的早期描述。斯特劳斯和科宾越来越重视理论抽样,编码和分析都与增长的理论敏感度保持一致。这与扎根理论初始版本对理论敏感度的定义是不同的。开放性、主轴性和选择性的编码和抽样指导研究,或被作为未来抽样决策的跳板。在这个过程中,研究者在理论上变得更加敏感,理论敏感度不再是研究者的一个属性,而是与研究过程有着内在的联系。

开放编码抽样

在阐述研究人员逐渐增长的理论敏感度这一主题时,斯特劳斯和科宾认为,在研究早期,研究人员最不敏感,他们早期的实地调查需要开放编码抽样。这有助于现象的发现、命名和分类。开放性而非特异性指导搜索最相关的数据和实例。这些将提供洞察现象和促进数据比较的最大机会。斯特劳斯和科宾(Strauss and

Corbin,1990)提出了开放式抽样的三种策略。这些策略可以在早期研究中单独或结合使用。

抽样可能是有目的的,这是第一种。地点、人员或文件是特意选择的,因为它们与所研究社会现象的类别、维度或属性有关。例如,斯特劳斯和科宾描述他们在调查医院设备时如何确定他们认为重要的"属性或维度",这些维度或者因变量包括大小、成本和等级。他们选择体积最大、价格最昂贵、等级最高的设备——计算机断层扫描仪(CAT),因为它最有可能发现这样的设备对患者护理和医护人员工作的影响(Strauss and Corbin,1990:184)。

目标导向性抽样提供了探索差异的机会。斯特劳斯和科宾(Strauss and Corbin,1990)表示,第二种方法——系统抽样能够显示更多的细微差异。抽样是通过从一个人到另一个人,从一个地方到另一个地方,或从一份文件到另一份文件,以搜索到对研究十分关键的事件。系统抽样的方法增加揭示异同的机会。通过观察在不同单位的护士长的工作情况,他们发现单位之间组织结构上的差异,这为研究中的比较提供了一个有用基础。

开放编码抽样的第三种方法是偶然抽样。将实地调查中意想不到的见解纳入分析,这是一种碰运气的方法。斯特劳斯和科宾(Strauss and Corbin,1990:184)强调研究者具备"开放、质疑思维"的重要性。但这也是一种意识到事件对研究的重要性的思维,这表明不只是一种以纯粹开放的方式问问题(比如,这是什么? 这意味着什么?)的能力。

主轴编码中的抽样:关系及非均匀抽样

开放编码中的抽样显露了变化及过程,并提倡和鼓励保持理论灵敏度。主轴编码中的抽样试图借助研究人员逐渐增强的理论敏感度,来使研究中的理论相关概念(类别或者子类别)逐渐显现。朱丽叶·科宾认为,主轴编码中的抽样与开放编码密切相关(Corbin and Strauss,2008)。他们在理论抽样的早期论述中对这些策略进行了单独阐释。我在此单独考量主轴编码,因为这有助于我们理解抽样策略的每个部分在研究中的用途。

主轴编码用于关联在开放编码中确定的不同类别。抽样则系统而有目的地揭示和验证不同类别之间的关系。其目的是解释"不论何种条件、情况、行动/互动和后果下"(Strauss and Corbin,1990:196),各种类别如何关联。我们的目标是通过基于理论相关概念的抽样,将这些类别与"范式"或新现理论联系起来。

主轴编码中的抽样既有机会性的,也有选择性的。主轴编码的每一步都是通过对新现理论的分析和假设检验来实现的。主轴编码中的抽样是一种策略,它的前提是认识到任何两个条件、情境、行动、互动或后果相同的可能性都很小。斯特劳斯和科宾(Strauss and Corbin,1990)建议研究者有时甚至可以通过改变现象的属性维度来试验性操纵研究,例如在一天的不同时间进行抽样。主轴编码抽样旨在通过调查分析类别和子类别之间的关系以及发现他们之间的变化和程序,而"在数据的维度层面找到尽可能多的差异"(Strauss and Corbin,1990:185)。

选择性编码抽样:判别抽样

研究人员通过主轴编码抽样,基于理论相关概念进行反复分析、分类和抽样,这一阶段对理论最为敏感。判别抽样用于验证关系陈述、填充类别和形成理论。它是指导性的和有目的性的,是一系列的选择,用于验证新现理论的研究。它可能需要回到研究中已经抽取的单位以提出新问题,或寻找新的语境来检验理论。不归属于任何类别的负面案例也可能被抽取。所有这些都是用来检验理论。斯特劳斯和科宾(Strauss and Corbin,1990:187)表示,这些都是扎根理论"极其重要的组成部分"。假设通过数据被检验,并影响研究中的编码、分析和抽样的每一步。

经验现实的扎根理论样本

斯特劳斯和科宾(Strauss and Corbin,1990)概述的抽样策略越来越强调分析与抽样之间的联系。在表1.1中我已经表明了这种方法的漏斗状特征。科宾选择了一个不同的比喻,将研究中的抽样/编码/分析过程比喻为建造金字塔过程中砖块的堆砌(Corbin and Strauss,2008)。无论你选择什么样的方式观察抽样策略的结构,目的都是通过对社会互动的经验观察,预测理论的生成和出现,从而不断完善理论。

如科宾和斯特劳斯(Corbin and Strauss,2008)所言,这些互动是不稳定且复杂的。与符号互动的本体论假设相一致,人类在不断的行动和互动中对世界实施创造和改造,无论理性与否,都是抽样和探究的焦点。对可以表现或者无法表现为类别或者子类别的行动/互动进行理论抽样,能够促进理论的产生和构建。经验规律的抽样以及相关的编码和分析,通过将经验数据视为实际数据使验证新现理论成为可能。科宾和斯特劳斯(Corbin and Strauss,1990:187)认为:

> 虽然不是在统计意义上的检验,我们不断比较假设和现实(数据),做出修改,然后再检验。只有那些被反复发现与现实相对立的(假设)才可能被建构到理论中去。

由斯特劳斯和科宾(Strauss and Corbin,1990)提出的持续比较将经验观察与外部现实等同。然而,令人感到反常的观察结果已经为有一定自反性的研究者打开了修正扎根研究的大门。如前所述,这是在两个层面上提出的,首先是理论工作形成初始研究问题,其次是将研究者的理论敏感性视为通过抽样/编码/分析向前推进的过程。对于斯特劳斯和科宾来说,理论敏感性不是研究者固有的特性。

表1.2　客观主义和建构主义扎根理论的基本假设之比较

(参考Charmaz, 2009:141)

客观主义扎根理论	建构主义扎根理论
外部实在假设	多元现实假设
数据发现假设	数据在互动中相互建构的假设
从数据中产生概念的假设	研究者建构概念类型的假设
认为数据的代表性没有问题	认为数据的代表性是有问题的、相对的、情境的、部分的
假设有中立的、无抵触的、权威的观察者	假设观察者的价值观、偏好、位置和行为影响其观察

在某种程度上，我们可以将斯特劳斯和科宾（Strauss and Corbin, 1990）提出的扎根理论方法视为解决扎根理论本体论核心难题（即什么是现实）的一次尝试，这个难题在《扎根理论的发现》及其修订版中未曾得到解答。凯西·卡麦兹（Kathy Charmaz, 2009）指出，扎根理论汇集了相互矛盾的哲学传统和方法学传统。巴尼·格拉泽师从哥伦比亚大学的保罗·拉扎斯菲尔德（Paul Lazarsfeld）和罗伯特·K.默顿（Robert K. Merton），而安塞姆·斯特劳斯受过（社会学）芝加哥学派赫伯特·布鲁默的指导。卡麦兹（Charmaz, 2009:129）继续指出，实证主义和实用主义/符号互动的这些不同传统将扎根理论置于"不那么稳固的本体论和认识论土地上，播下关于方法的不同方向的种子"。

扎根理论关于理论抽样的持续争议体现了这种分歧。卡麦兹（Charmaz, 2009）表明，对扎根理论的方法学阐释现在位于客观扎根理论和建构扎根理论之间的连续统上。这些位于极端位置的基本假设(表1.2)——什么构成现实,明确区分了两个不同的传统。我现在想要探讨,在扎根理论的持续争论中,当考虑理论抽样时,这些传统的含义。

客观主义扎根理论中的理论抽样

珍妮丝·M.摩尔斯(Janice M. Morse,1991,2007)的工作体现了现代扎根理论的客观主义方法。这种方法广泛借鉴了格拉泽(Glaser,1978)的作品,在其中她重申并且在一定程度上澄清了扎根理论的原始概念。摩尔斯认为理论抽样只可能发生在开放的理论敏感的研究人员中。甚至在一开始时,他们的关注点就受到对田野工作中偶发现象的感受度的引导。此后,理论抽样由概念引导,这些概念从对经验数据的编码和分析中构成新现理论。

这种方法假定概念化来自数据分析,研究场景中发生的一切都是数据。正如格拉泽(Glaser,2002)所说,"所有的都是数据"。摩尔斯(Morse,2007:231)表示,使用变量或类别选择参与者是不合适的,或者正如她所说的,"人口特征,如年龄、性别、种族、经济状况等"。选择理论样本的标准应该是研究的概念或者信息需求。我们可能会质疑它们之间的差异是什么,但是此处强调的是理论的产生,而非理论结构的强加。

在阐释这一主题时,摩尔斯断言,使用基于变量的随机抽样策略不是选择样本的合理方式。她认为,这将产生对总体具有代表性的样本,但是这个样本仅仅能够代表用于选择样本的人口学特征,这将有助于明晰围绕正态分布和偏态分布的均值聚集的常见经验。摩尔斯(Morse,2007)表示,质性数据应被认为由更偏矩形的分布表示,通过目标导向性选择确保所有的经验都被纳入陈述。

也不应该考虑分层样本(即根据参与者占总体的频率按比例选择参与者)。为了强调这一点,摩尔斯(Morse,2007)认为,不能因为既定总体有40%白人、20%黑人、20%西班牙裔和20%其他人种,就选择8个白人、4个黑人、4个西班牙裔和4个属于其他人种的人来构成20人的研究样本。一个更好的方法是便利抽样,这能使研究人员前往他们认为最有可能看见他们感兴趣的社会行为和互动的地方和场所。通过开放性和理论敏感性,他们很可能通过询问、编码和分析来确定潜在的类别。

这种客观主义理论抽样假定经验规律是外在现实,数据的表示没有问题。摩尔斯(Morse,2007)认为,对开放性和理论灵敏度的任何偏离都不可避免导致概念的盲目性。确定一个目标导向性样本的适当方法是抽取正在经历某个现象特定发展轨迹中的关键时刻的参与者。研究者在发展关系中选择特定的关系和不同的阶段。这是一种慎重的选择策略,该策略基于从实证调查中了解的现象,以及目标导向性理论抽样之前对这些数据的编码。摩尔斯(Morse,2007:238)声称,"像侦探一样解决问题,寻找线索、筛选和排序,并创造一个合理案例"。

在研究中研究者是中立和权威的假设,乃是通过寻找最佳经验而非一般经验的解决思路得以强调。客观主义方法倡导的是一种基于经验涌现的内在选择偏差。首先选择最佳案例进行分析。这是因为：

> 通过使用最坏或者最佳案例，我们所研究现象或经验的特点变得最明显、最清晰，以及更为迅速地清晰显现（Morse，2007：234）。

只有当研究人员已经探索了这些最坏或最佳案例，知道在数据中心寻找哪些特征后，他们才能继续对次佳案例进行抽样和询问。这种选择偏差意味着，可以着重确定最佳的经验案例，以便通过经验世界的外在现实发现和检验理论。

在这种解释中，摩尔斯（Morse，2007）强调要使用比较式、浮现式和开放式的理论抽样方法。客观主义和实证主义是理解这种方法的潜在假定的关键。要保持观察员和被观察者之间的距离，其中，理论灵敏度和开放性是理论抽样的关键坐标。珍妮丝·摩尔斯认为由格拉泽和斯特劳斯（Glaser and Strauss，1967）提出的对开放性的原始解释可能需要再打磨一下。摩尔斯强调一种合适的折中途径，研究者在其中没那么被动：

> 研究人员不应带着使用某种理论模型的目的进入研究环境，并据此对数据进行分类。研究人员也不应该在没有

形成对社会科学知识的系统认知的情况下,盲目地进入某个研究环境(Morse,1994:4)。

研究人员既不应该强迫数据带入预设的理论立场,也不应该是一个被动的旁观者。尽管摩尔斯的方法论陈述给人以"你应该"和"你不应该"的感觉,但是像格拉泽和斯特劳斯(Glaser and Strauss,1967)一样,她更加强调扎根理论研究方法的创新。这种对灵活性的主张明显受到格拉泽(Glaser,2002)的反对,他越来越抗拒(其他人)对扎根理论的描述的改变。尽管如此,它为将扎根理论描述为建构主义创造了可能。这是连续统中与表1.2中所示客观主义方法相对的另一端。

建构主义扎根理论中的理论抽样

近年来对理论抽样(Charmaz,2006,2009;Clarke,2009;Bryant,2003)的描述主张一种建构主义扎根理论。这种方法呼应并进一步阐释了斯特劳斯和科宾(Strauss and Corbin,1990)针对研究和理论抽样如何开始的方法,开始明确认识到研究者的反身性是研究的出发点。凯西·卡麦兹(Kathy Charmaz,2006)解释说,理论知识、直觉和假设是制订研究计划的必要出发点。更重要的是,涌现与发现给理论建构让路。阿黛尔·克拉克(Adele Clarke,2009)将研究人员在研究中的分析描述为超越既定主题,搜索沉默、缺席、结构性对话,以及通过参与者的陈述反映的潜在立场。研究者将理论建构引入到研究中来与参与者共同产生理论,这是公认的。

对于包括格拉泽(Glaser,2002)在内的一些人而言,这根本不是扎根理论,而是定性数据分析。尽管被格拉泽否定,卡麦兹和她的同事们还是将他们的新表述视为扎根理论。他们指出自50年前扎根理论首次提出以来,实证主义受到了极大的批判(Charmaz,2006,2009;Bryant,2003),他们的目的是重新定位扎根理论的方法论。卡麦兹(Charmaz,2000:510)试图:

> 增加未来质性研究的另一个愿景:建构主义扎根理论。建构主义扎根理论推崇经验世界的第一手知识,秉持介于后现代主义和实证主义的中间立场,并提供可行方法将质性研究带入21世纪。建构主义假定多重社会现实的相对主义,认同观察者和被观察对象的知识互创,旨在对主体意义进行诠释性理解。

后现代主义和实证主义之间的中间地带可能是有争议的,但连接这两极的是经验主义。对于凯西·卡麦兹来说,这是理论建构之处。这种建构强调参与者对经验的叙述而非对互动的实质性观察。要达到这个中间地带,需要理论抽样,其目的是指导研究人员对经验进行实证阐释,从而获取数据,并通过这些数据形成类别的意义和含义。这些类别充足时,将反映受访者经验的特质,并为理解它们提供了有用的分析手段(Charmaz,2006:100)。

凯伦·亨伍德和尼克·皮金(Karen Henwood and Nick Pidgeon,2003)将这种理论抽样方法描述为理论不可知论,其中理论概念需要被纳入研究描述中。理论概念总是被视为有问题的。研究人员必须寻找它们得以显现和理解的方式。这就是建构主义扎根理论中理论抽样的动力。

因此,理论抽样不可能在研究之初进行。在理论抽样之前的是初步的抽样策略,其预设是理论类别不能预先知道。这些类别无法在研究问题中阐明,而是通过数据分析被建构出来的,抽样的唯一参考是关于选取特定人群、组织或者研究主题发生的环境的一套标准。在初始抽样阶段,研究人员必须预设研究主题并改进研究主题的范围。要获得参与者,就必须重新界定研究主题。同样,如果发现某些群体以特定的方式进行互动,也可能会导致研究范围被限制。

简·胡德(Jane Hood)(引自 Charmaz,2006:101)表示理论抽样允许研究人员"拧紧……诠释学的螺丝锥,这样你最终会得到一个与你的数据完全匹配的理论"。

这种诠释学的螺丝锥由数据采集、编码、备忘录写作和理论抽样构成。理论抽样是具体的、系统的,此策略有助于预测在哪里以及如何找到数据来填补空白和充实类别。它有根据地寻找能够一定程度阐明类别的主张、事件或者案例。归纳策略、从数据形成假设,以及通过演绎性调查来检验所研究经验世界中的这些假设,三者之间存在着持续互动。这种溯因策略不断对照经验世界，使理论抽样朝着新现目标前进。卡麦兹（Charmaz，2006：104）认为，这包括划定一个类别的属性，检查对它的直觉和饱和其属性。它使得类别得以区分，不同类别之间的关系得以阐明，最后，卡麦兹（Charmaz，2006）声称溯因将有助于识别过程。

理论抽样的建构主义表述聚焦于新现的理论类别，以便对这些类别进行阐述、检验和限定。新现理论塑造并指导着理论抽样，使得这些归纳得出的假设能够在一个主题范围内和跨实质性领域进行演绎检验。更重要的是，研究人员采取这种理论抽样策略，能够带着更直接、更深奥的问题回访参与者或已经收集的数据，以检验直觉（的正确性）。正如安东尼·布莱恩特（Antony Bryant，2003：20）所言：

> 建构主义立场认为研究者和研究对象之间存在对话——在"主体"一词的两种意义层面上，即研究所关注的人，以及研究领域本身。

这种对话所强调的是，研究人员和参与者（一定程度上）从被收集、分析以及复写的经验数据中共建理论。

结论

理论抽样的建构主义阐释与格拉泽和斯特劳斯（Glaser and Strauss，1967）的扎根理论表述大相径庭。回溯扎根理论方法流变过程中的理论抽样被考量的方式可以看出，建构主义认识论越来越被推崇。格拉泽和斯特劳斯（Glaser and Strauss，1967）对理论抽样的实证主义解释没有经受住立场和后结构主义辩论的冲击。正如本章对扎根理论的历史学阐释所示，仍然有一些方法学家继续主张格拉泽所描述的客观主义理论抽样策略。但是，这些方法学家也越来越接受社会科学中后结构主义者的反身性转向。理论抽样方法的重大变化，改变了开放、理论敏感的研究人员的特点。"白板"是早期扎根理论的实证主义阐释策略。这可能是修辞上的（Strauss and Corbin，1990；Charmaz，2006），但它无法撤回过去50年来对实证主义的历史学和哲学抨击。尽管如此，直至今天，理论的经验阐释仍然是扎根理论的核心。经验主义是扎根理论和理论抽样的方法学正统。

接下来的案例——目标导向性抽样，考量的是摒弃正统观念而采取务实的抽样方法可以获取怎样的洞察。质性研究中抽样的主要标准是抽样方法的恰当性，同时认识到不同的抽样策略在不同的情况下可能更合适或不合适，那么我们可以从中学到什么呢？

第二章　目标导向性抽样

第二个例子和第一个例子有很大不同。大量的(但不是所有的)关于目标导向性抽样的制定和描述的认识都产生于应用评价研究。在选择本章所述的14＋1种目标导向性抽样策略的其中一种时,研究人员将判断和技能运用于研究前和研究中所学知识中。目标导向性抽样意在选择信息丰富的案例,这些案例最能明晰研究问题,从而说服该研究面向的受众。在巴顿对目标导向性抽样的描述中,一位苏菲禅宗对话者哈尔科姆(Halcolm)提出了如下观点:"评价者的科学观察是某个人的真实生活经验。尊重后者必须先于尊重前者。"(Patton,2002:207)目标导向性抽样体现的是实用主义,正如一个评论家所说,这样做,无论是理论还是方法都没有过重的负担。

实用主义抽样

迈克尔·奎因·巴顿（Michael Quinn Patton：1990，2002）是最务实的质性研究者，他通过他的对话者哈尔科姆（Halcolm）让我们思考："我们认为什么是真实的，去质疑我们认为我们知道的，去探究我们*为何*认为我们知道"（Patton，2002：A2，斜体为原文强调）。巴顿认为抽样是目标导向性的。正如斯特劳斯和科宾（Strauss and Corbin，1990）以及摩尔斯（Morse，2007 年）在阐述扎根理论的理论抽样时指出，目标导向性暗示了一个计划。抽样在研究中起着工具性作用，用于寻找信息丰富的案例进行深入研究。

不同于上一章讨论的扎根理论中理论抽样的有目的抽样，目标导向性抽样，又名判断抽样或立意抽样，在研究开始前就设定，并可能随着研究的进展而重新设计。它不是由理论类别推动的，而是出自实践和实用主义的考虑。正如巴顿（Patton，2002：72）强调：

> 关键是做有意义的事，充分地报告所做的事情，为什么要做，以及做了对研究结果的影响。

根据研究目的、研究语境和研究面向的特定受众，研究人员做出对谁或什么进行抽样的判断。

这种抽样方法基于评价,其重点为实际和应用,关注的是:

> 评价乃劝说而非使其确信,乃争辩而非证明,乃可信而非确凿,乃可接受而非强制。这并不意味着它仅仅是修辞或完全任意的……一旦关于确定性的负担被解除,有依据行动的可能性就会增加而非减少(House,1977,引自 Patton,1990:490)。

尽管巴顿主要聚焦于评价,但他主张在从基础研究到应用研究的质性研究连续统中采用目标导向性抽样。

目标导向性抽样的逻辑

目标导向性抽样的逻辑和力量在于深入研究信息丰富的案例,以深入理解研究人员认为十分重要的研究问题。研究人员决定如何采用抽样策略。巴顿认为,这些决定受到可用的研究资源约束。他说:

> 必须根据研究的目的、可用的资源、提出的问题,以及所面临的制约条件来选择(目标导向)的抽样策略(1990:181-182)。

目标导向性抽样方法不只是考虑实际情况和可行性,也要考虑理论。社会科学学科的基础研究提出的问题需要抽象化和理论化的解释。如同理论抽样,目标导向性抽样也认为,研究人员应把他们学科的理论立场携带进他们的研究中。巴顿承认生成和证明理论的归纳和演绎策略对于基础研究的重要性。然而,研究人员采用目标导向性抽样,并不注重理论的涌生或构建以指导抽样。这是因为目标导向性抽样的设计与实现是在研究的早期阶段,甚至在研究人员进入实地之前,就与从研究中可以得出的主张直接相关。巴顿(Patton,1990:181)指出:

在制订研究设计方案的过程中,评价者或研究者要努力考虑和预测目标导向性抽样增加研究的可信度和可能驳斥研究发现的种种论据。必须认真阐述和明确说明选择研究地点和案例的原因。

质性研究有其非常实用的一面,研究人员力求解决现实世界中的问题。在目标导向性抽样策略的考虑中,务实的因素胜于理论因素,务实的做法优先于理论正统。质性研究者不需要在研究中明确他们的理论立场。他们基于务实原因做出选择,寻求最丰富的信息,在可获得的资源中选择最合适的,并始终关注研究受众。这些都是务实的目标导向性或判断抽样策略的基础维度。

表2.1 巴顿的14 + 1种目标导向性抽样策略

1	极端或偏差型案例(Extreme or deviant case)
2	强度抽样(Intensity sampling)
3	最大差异(Maximum variation)
4	同质性(Homogeneous)
5	典型案例(Typical case)
6	关键案例(Critical case)
7	滚雪球(Snowball)
8	标准(Criterion)
9	理论基础/操作构造(Theory based/operational construct)
10	证实和证伪(Confirming and disconfirming)
11	分层目的型(Stratified purposeful)
12	机遇式或生成性(Opportunistic or emergent)
13	目的性随机(最小单位)(Purposeful random(of small units))
14	政治重大案例抽样(Sampling politically important cases)
勿用	便利抽样(Convenience sampling)
+1	你可以混合14种策略中的任意几个来制定一种满足您的需求的目标导向性抽样策略。(Patton,2002:pp,243-44)

目标导向性抽样的多种策略

巴顿(Patton,2002)讨论了16种不同的目标导向性抽样策略(见表2.1)。但实际上巴顿推荐的是14 + 1种目标导向性抽样策略,另一种策略是便利抽样,下文将详细讨论,最好避免使用。加的那一个是其他 14 种策略的组合。每种策略都有其特定的逻辑，可以达到特定的目的。巴顿的 14＋1 种目标导向性抽样策略有六个共同主题。

- 第一，在抽样之前、进行中和之后，研究人员判断对什么进行抽样，以及如何使用样本以从研究中做出论断。
- 第二，这些判断是根据对所研究现象的了解做出的。这包括认识到，从量化和质性研究中，通过变量、类别和洞察力来探索描述现象的方式，从中可以学到很多。
- 第三，基于研究开始前和随着研究进展所知的，研究人员策略性选择有限的案例，以产生最多的可用信息。
- 第四，研究人员意识到他们的研究将要面向的受众，选择能够产生让这些受众最为信服的结果的抽样策略。
- 第五，这些决定总是受到资源约束，这是一个重要的考虑因素，但只能在前四个主题被考虑过后来处理。质性研究者总是喜欢抽取更多的样本，但不得不做出选择，参考开展实地调查的时间、预算及他们对所收集的数据进行分析的能力。
- 第六，质性和定量抽样策略有着完全不同的逻辑。这些差异在目标导向性抽样的目的中得到例证。

目标导向性的逻辑在于选择信息丰富的案例，从这些案例中研究人员"能够了解到很多对研究目的十分重要的东西"(Patton，1990：169)。这些案例都值得进行深入的研究，因为它们能提供细致的洞见。因此它们有完全不同于概率抽样法的逻辑和作用。在选择群体进行目标导向性抽样时，无论是用于确保总体中的个体有同等机会被纳入研究(随机性)的方法，还是确保所选样本与总体具有共同特征(代表性)的方法，都不重要。尽管同等的纳入机会及具有共同特征也可以被应用于目标导向性抽样策略。研究中使用随机或分层策略选择案例，并不是为了强化研究结果普适性的主张，而是为了找出使研究结果对其受众具有可信度的案例。

14＋1策略的第一个，极端或偏差型案例抽样，聚焦于质性抽样方法和定量抽样方法的区别。研究人员已经了解他们正在调查的现象的差异。这一策略的目的不是通过随机选择记录自然差异，而是有目的地选择特殊的、棘手的或者富有启发的案例。相关案例选择的逻辑基础是，可以了解到与研究相关的不寻常情况或极端情况。这些案例在某些方面是特别的，研究人员能从中学到最多。

巴顿(Patton，1990)认为，安吉拉·布朗(Angela Browne，1987)对受虐妇女杀人的研究，是使用极端或偏差型案例抽样的范例。布朗的样本是42名被指控杀害或者严重伤害其伴侣的妇女。布朗对这些妇女的受虐过往进行评估，然后通过请求她们的律师，将她们招募进来。布朗承认，不是所有的受虐妇女都杀死了自己的伴侣。鉴于此，她试图找出可能导致妇女杀人的语境因素——暴力的影响、伴侣的威胁,以及情境和社会变量。为此,她招募了205名曾被虐待但是没有杀人的妇女形成研究的对照组。这个对照组通过媒体征求和医生、急诊科、受虐妇女收容所介绍招募而来。

布朗的心理学研究是为了"了解更多关于杀死自己丈夫的受虐妇女的关系,并理解导致杀人的驱动因素"(1987:12)。布朗调查的是被虐待(被定义为身体攻击,可能会或者可能不会造成身体损伤)的妇女杀害她们伴侣的行为,布朗目标导向性地选择了11名杀害了自己伴侣的妇女。她们被选择是因为:

> 总体上她们对样本的代表性,以及其在解释杀人关系的特定驱动因素中的重要性(Browne,1987:17)。

布朗还指出,她选择了这11个案例研究,以确保有足够的空间去呈现额外的和丰富的细节,这对深刻理解这些妇女的生活经验,以及她们对自己伴侣的谋杀很重要。

极端或偏差型案例的目标导向性抽样并不是布朗在自己研究中使用的唯一策略。目标导向性抽样策略可以组合使用。例如,在该研究中对照组选取的205名受虐妇女,作为证是或证否的案例增加了只包含11名妇女的研究样本(对其进行细致的案例研究)的丰富性、深度和可信度。这些案例被选中,是因为信息丰富,并最大程度展现伴侣暴力的现象。从表面看,这也是个同质性样本。所有的案例研究都生动详细地描述了导致谋杀事件的身体和性暴力,重申了酒精和药物滥用、非理性嫉妒、儿童虐待这些共同主题。但同时,考虑其他方面,如布朗所做的,对样本的目标导向性选择使她了解了最大差异。因此,虽然许多施虐伴侣的经验在所有案例研究中都很常见,但是也存在只关于被抽中案例的独特的细致描述。在对施虐者谋杀事件的描述中,布朗(Browne,1987)就确定了三个完全不同的情景:妇女保护孩子;妇女被殴打;妇女知道攻击会发生。这种目标导向性的最大差异抽样使布朗展现出她所研究事件的复杂性。

布朗报告的另一大特色是强度抽样策略的运用方式。极端或偏差型案例抽样,要求研究人员通过探索性研究洞察他们正在研究的现象的差异。他们根据这方面的知识做出判断,以选择信息丰富的案例。然而,与极端或偏差型案例抽样不同,强度抽样选择的目的不是确认不寻常的案例,而是确认最大程度上展现重要/关键现象的案例。它们是良好的或丰富的例子,但不是不寻常的。

质性研究的样本总是小的,这将在第八章详细讨论。在一个小样本中捕捉经验的差异是一个特殊的挑战。如何比较明显不同的经历?巴顿(Patton,1990)认为,最大差异抽样将这种潜在的弱点转化为力量。我们已经从布朗对受虐妇女的研究中了解到,这一策略目标导向性地确定了案例的共同模式、核心经验和共享的各个方面,目标导向性选择案例,因为它们之间存在明显的差异。这种策略有助于两种数据的收集,首先是对案例独特性的详细描述,其次是所涉案例的共同模式。这些在差异中发现的共同模式能够使共同经验明晰可见。目标导向性抽样区别于定量方法的第二点在于,巴顿(Patton,1990)强调,研究人员并不试图概括结果,而是寻求说明差异和显著共同模式的见解。

与最大差异抽样相比,同质性抽样策略意在详细调查一类群体或者次群体。布朗表示,使用这种策略可以将重点放在样本中表现出重要变异的特定部分。同样,也是由研究人员来选择他们希望调查的案例。他们详细界定了某些次群的特征——比如以单亲女性为户主的家庭——目标导向性选择这些案例进行深入调查。

典型案例抽样例证了巴顿(Patton,1990)的实用主义抽样方法。典型案例乍一看可能与一般案例无异,但这并不是它的目的。研究人员选择典型案例来(向不熟悉的人)描述和说明他们正在调查的现象。巴顿强调,样本是说明性的而非决定性的。一个特殊的问题是决定什么是典型。关键信息提供者,博学的参与者,或一些关键指标(源于影响研究认识的类别,比如在特定类型地点开展的项目)可以帮助研究人员识别典型性。用这种方式识别典型性可能会产生相当大量的典型案例。研究人员可以从这些案例中选择一个目的性随机样本。但巴顿再次强调,随机选择并不是用于提高普适性,而是帮助研究者做出选择。这里不需要计算效力方程,关于取样对象或取样内容的决定受到研究中可及资源的影响。

分层目的型抽样对典型案例抽样法进行扩展,纳入了可能存在于现象中的变异性。研究人员可能在实地调研或者分析中发现样本的典型性和非典型性，或者如巴顿所说的"高于平均水平，平均水平，低于平均水平"（1990：240）。每一组案例都相当同质，无论它们是典型案例还是在某种程度上表现出最大差异的案例。巴顿认为（见第八章），该抽样会使样本量变小。这种差异使分层目的型抽样有别于量化研究中的分层随机抽样。

关键案例抽样再次强调了质性抽样方法和定量抽样方法之间的差异。一个关键的案例之所以被选中，是因为"如果它发生在这里，它就会发生在任何地方"（1990：236）。选择关键案例不允许进行广泛的概括，但正如巴顿指出的，即使是对单一案例的调查，逻辑概括也是可能的。在确定使案例"关键"的主要维度时，研究人员能够集中有限的资源，深入调查一个或非常有限数量的案例，以产生尽可能多的见解和知识，而不是从众多案例中收集有限的见解。

要识别关键案例，研究人员必须了解那些对他们的调查至关重要的关键维度。巴顿认为，滚雪球抽样（或链式抽样）能够识别这些维度并找到关键案例。滚雪球抽样的特点是发散和收敛。让地位优越的人推荐那些因为很了解该现象而能够提供洞见的人，这可能引导研究人员接触到许多不同的资源。但巴顿指出，少数关键人物很可能会经常被推荐，他们的洞察对调查至关重要。

为确定调查案例的另一种方法是标准抽样。在这种目标导向性抽样策略中，研究人员设定标准来确定调查的案例。这些标准可能是从量化研究中被识别出的，并为选择信息丰富的案例进行深入调查打下基础,例如标准化问卷调查的数据。另一种案例选择方法可能是它们符合预定的标准。巴顿(Patton,1990)指出,比如研究人员可能有兴趣调查学校缺席时间超过25%的孩子。这些案例可以从一个深入进行定性调查的标准化问卷中确定。

到此为止,巴顿所列举的目标导向性抽样策略都是以实用性选择为指导的,以寻找和研究经验上可观察到的现象。抽样的思维方式以评估研究的实际应用为重点。巴顿在他的质性研究模式中确实容纳了理论研究和基础社会科学研究。巴顿认为,基于理论或操作性构念(operational construct)的抽样,是标准抽样的一个更正式的版本,研究人员必须首先确定他们的理论观念,然后寻找这些理论的操作构念(或现实世界的例子)。

巴顿似乎对这种方法没那么有把握,认为理论缺乏明确性。巴顿认为,要确定什么人、项目、组织、社区或人群是很容易的。理论构建在研究中实现是很难的。巴顿以一种相当特殊的方式对待理论,这与他的目标导向性策略是一致的。理论使构念成为实质性的事物,然后指导抽样,而不是从数据中涌现。巴顿(Patton,2002:238)强调,理论"没有明确的参照系"。他接着引用库克(Cook)、列维顿(Leviton)、沙迪什(Shadish)(Patton,1986:163)的话:

　　　　构念的操作实例,没有目标人群……因此,大多数情况下我们只好有目的地选择关于构念的特定实例——过去的有效性研究、常规做法、个人直觉,或者咨询具有批判性思维的人后找到的与关键构想最为吻合的那个。

在巴顿的目标导向性抽样的务实方法中,构念只有在它们是真实世界的例子时才会被抽样。这是理论性地看待特定问题的操作实例。巴顿(Patton,2002)认为,研究人员可能参考经典的创新扩散理论,猜测一项技术的早期采用者和后期跟进者可能显著不同,继而对这些操作构想进行目标导向性抽样,研究人员的判断对于确认这些构想和基于此选取信息丰富的案例最为重要。

在讨论证是和证否案例的使用时首次采纳了"涌现"这一概念,这显然放弃了调查之前和调查过程中运用(研究人员)判断的指导思想。与前一章讨论的扎根理论不同,这里关注的不是新出现的理论,而是新出现的发现。可以对这些发现进行检验,以确认"可能模式的重要性和意义,并用新数据和其他案例检验新发现的可行性"(2002:239)。在对研究进程的有序描述中,探索性实地考察让位于验证性实地考察。通过寻找证是案例,研究人员可以为他们的发现增加深度、细节、丰富性和可信度。寻找证否案例,则是研究人员验证规则的例外情况。通过这些案例,研究中得出的论断形成了边界。证否案例可以帮助确定从研究所得结论的界限/范围。对巴顿来说,抽样和研究结论之间存在着重要的关系。

新现发现在巴顿的下一种策略——机遇式或生成性抽样中起作用。这种策略允许样本在实地调查时涌现,这是对实地考察中出现的机会的回应。这些都是在实地考察中不可提前预见的时刻,研究人员现场做出决定,对计划外的事物进行抽样或改变抽样策略。目的导向性的样本是灵活的,由数据和从数据阐释中做出的判断引导。这一策略认为,样本无法以表2.1中的前11种策略构想的方式完全被预先计划好。

然而,最后两种抽样策略又返回到了预先计划的抽样策略主题上。巴顿认为,目的性随机(最小单位)抽样即使样本量小,也能大幅提升针对特定受众的可信度。随机化意味着数据收集方法的系统化,这使研究者可以声称,纳入研究的案例是在不知道故事结局的情况下选定的。

对巴顿而言,质性研究人员设法在研究设计中达成的不是代表性而是可信度。最后一种抽样策略,政治重大案例抽样,试图以吸引潜在受众注意的方式进行研究设计。或至少不会引发他们的政治敏感,导致研究结果被迅速破坏。研究人员在他们的研究设计中做出策略性的、目标导向性选择,以"在资源允许只研究有限数量案例的情况下,提高信息的有用性和利用率"(Patton,2002:241)。

在最后一章会讨论,摩尔斯(Morse,2007)使用"便利抽样"这一术语来描述客观主义扎根理论方法中的早期抽样。巴顿(Patton,1990;2002)坚持认为没有什么便利的目标导向性抽样。研究人员采取这些目标导向性策略,是为了仔细选择信息丰富的案例。他们应该避免便利抽样,便利抽样可能是容易的,节省时间、金钱和努力,但是它只能找出缺乏信息的案例。

这并不意味着研究人员不应该对研究中可能出现的意想不到的洞察做出反应。正如本章解释的,证是和证否案例、机遇式或生成性案例被认定为检验数据所示的新现发现和模式的策略。在引用"机会主义"这一概念时,巴顿认识到,研究人员必须通过现场决策,来应对在实地调查中遇到的意外情况。这些在研究过程中所做的判断也要细致而谨慎,目的是找到信息丰富、深入、可信的案例,以支持新现的研究结果和形成研究结论。

结论

目标导向性抽样的实际关注点集中于策略规划,以收集信息丰富的案例来说服特定的受众。满足规划进入数据收集阶段的研究,以及接受研究是出于特定目的这样的前提时,14+1种目标导向性抽样策略结合了对研究现象和研究对象的了解。从质性和量化研究中获得的见解,为目标导向性抽样策略的设计提供了依据。

目标导向性抽样策略的重点是应用研究。处理理论构想明显让巴顿感到有点不安。如何找到这样的东西?他似乎在问。他对质性研究的实用主义方法基于一种假设:经过适当检验的经验世界能够提供质性研究的结果/发现。巴顿将研究者刻画为务实且富于反思性的决策者,通过对目标导向性抽样的对象或内容做出判断来塑造研究。

巴顿的实用主义方法使得观察到的现象变得不具争议。他假设我们之所以学习，是因为我们曾经在那里，这就足够了。这沿袭了民族志的悠久传统。正如克利福德·格尔茨（Clifford Geertz, 1988:1,4）所观察到的：

> 一个合适的民族志学家应该做的事情是去到各个地方，带着关于那里的人们如何生活的信息回来，并以实用的形式将这些信息提供给专业共同体……进一步……人类学者能够让我们严肃对待他们的表述，与其说与他们所做的事实观察或提出的优雅概念有关，不如说与他们能够说服我们的能力有关，即他们的表述源自他们实际上已经渗透另一种生活方式（或者，如果你愿意，被另一种生活方式所渗透），以及他们以某种方式真正"在那里"。

作为对质性研究，特别是对其抽样方面的实用描述，巴顿的实用主义方法弥足珍贵。质性研究中的抽样将潜在的弱点转化为显著的优势。此外，它让研究人员有了洞察，继而有信心走出去选择他们倾听的对象，确定观察什么，以及如何处理他们在研究中得到的信息。目标导向性抽样鼓励研究人员在做出抽样选择时运用他们的判断力。它以令人耳目一新的方式穿透了认识论、本体论和哲学的辩论，同时仍然能提供一种策略，让研究人员可以深入了解正在调查的事物。但是，如果说实用主义对14+1种目标导向性抽样策略的务实陈述有局限，那就是它不认可我们将理论带入研究，以及我们使用理论或概念去策略性地决定对谁或什么进行抽样。
我们不得不回到哈尔科姆的一个担忧：我们认为什么是真实的？
正是考虑到理论是真实的，而不是操作性的构建，以及观察对质性
研究中的抽样会产生影响，我将在下一章探讨理论或立意抽样的
案例时讨论它们。

第三章　理论或立意抽样

　　三种抽样中的第三种以某种方式接受理论,即到目前为止讨论的扎根理论中的理论抽样和目标导向性抽样都没有做到。研究人员的智识工作是研究进展的关键,被认为是一个有机的和不断发展的实践活动。在决定对谁或者什么进行抽样时,必须解释观念和研究的经验轮廓。明确理解这些参与过程对于从研究中得出的论断是有用的和策略性的。理论或立意抽样策略假定,解释真实现象需要的不仅仅是对事件或经验的忠实而抽象的解释,还需要阐释性和归纳性的抽样策略中理论和经验陈述的直接参与。

研究人员在研究中的存在

　　受到1968年5月的事件的启发——"雾霾天中的一缕天光……(短时间内)撕下了大众消费社会的厚重外衣",丹尼尔·贝尔托和伊莎贝尔·贝尔托-维亚梅(Daniel Bertaux and Isabelle Bertaux-

Wiame,1981:171）开始研究法国的面包制作。他们对研究的描述始于讨论他们的先入之见和研究的理论框架。这项研究在研究设计及抽样策略中明确了本体论、认识论和研究受众三大范畴。

他们指出，他们的方法是"决定性的结构主义"（1981:169），其中"一切都应该从关系而不是实体的角度来思考"（1981:171）。这些资本和劳动之间的社会-结构关系与当时占据那一职位的人无关。更重要的是，这些关系可以被找到。当时找到这些关系的常见方式是通过统计调查。但是，如果研究人员想了解这些社会结构关系中心的个人关系的动态，那又该怎么办呢？统计分析中脱离情境的时间变量测量（Measured-time variable）意义不大。要想知道这些动态的人际关系，需要质化的生活故事的实验；一种获取关于这些社会关系的证据和知识的新方式。贝尔托和贝尔托-维亚梅已经确定了他们的认识论立场，这是新的立场，受到其他学者的抵制。他们做研究是有策略的，在开始研究之前便考虑了他们的最终受众。他们与学生和朋友讨论了谁会阅读他们的研究，得出的结论是，他们的受众是阅读书籍的人，以及那些"最不可能与劳资关系产生对抗的人"（1981:172）。他们开始寻找一个这些受众熟悉的研究领域，在否定了几种选择后，他们判定制作面包的工作将是富有成效的研究领域。

他们也考虑了获取样本的困难性以及触及（机会）对研究可能性的影响。贝尔托计划跟进面包从麦田到面包店的生产全流程，以具体的方式调查每一阶段存在的剥削情况。他们试图采访小麦种植大户和工厂主,但未能成功。他们通过联盟更顺利地接触到农场工人。但他们提供的生活故事并没有告诉他们涉及的复杂的经济交易。研究人员被迫放弃提出关于面包生产全流程问题的想法,而将注意力集中在面包生产的某一部分,即在巴黎的手工面包店发生了什么,以及那些偶然发生在比利牛斯山地区的事情。

贝尔托和贝尔托-维亚梅(Bertaux and Bertaux-Wiame,1981)描述的抽样是理论的或立意的。它由具有反身性的研究人员指导和重塑,目的是发展和检验理论成为关于社会世界的智力谜题。在研究的计划和开展过程中(包括抽样策略的制定),研究人员对社会世界本质的认识、了解社会现象所需的证据或知识、研究人员讲述特定社会问题所面向的受众,这些都得以明确。此外,在运用理论或立意抽样策略时,研究人员通过投入深入而仔细的思考来反思行动。他们具有反身性。他们认识到研究人员在调查对象中的存在,他们在纷乱的社会世界中积极塑造他们的研究,包括在研究中不断做出关于抽样的决定。理论或立意抽样与前面讨论的扎根理论中的理论抽样或目标导向性抽样策略的实用主义有很大不同。理论或立意抽样策略通过策略性地选择抽样策略来发展和检验理论论点,以获取研究人员想要了解的关于总体的认识,随着研究进展,他们将会详细说明。研究所得出论断的路径由研究人员做出的许多决定控制,或者由他们进行研究的条件强加给它们。研究的有效性要求研究人员回溯和重建得出论断的路径。这包括理解和解释在研究中实施的抽样。

理论或立意抽样的关键是认识到现象将在研究过程中得以修正。研究是一个识别因果关系成立条件的过程，然后根据对这一证据的调查来修正解释。

这种抽样策略显然是归纳和阐释（或分析）。对于阿尔弗雷德·R.林德史密斯（Alfred R. Lindesmith, 1968 : 13）来说，"经验是一个复杂的互动过程，许多元素或变量包含在一系列的事件中"。识别这些因果关系需要对个别案例进行细致详尽的探究，并比较某些关键类型的案例（1968 : 14）。这一论述的关键是强调在选择案例时选择的决定性和关键性。之所以选取某些案例，是因为它们显示出某些特征，而且将它们纳入其中有助于检验研究中的解释。林德史密斯强调，比较是重要的，但案例也可能因其不符合研究中的阐释和解释而被选取。对梅森（Mason, 2002）而言，解释这些反面实例或类别能强化分析归纳法的解释。

策略和有机抽样

事实上，詹尼弗·梅森（Jennifer Mason, 1996, 2002）对这种归纳和阐释展开了最为严谨的描述，她坚持认为，在理论或立意抽样中，抽样、数据生成和数据分析的过程在整个研究中被相互性地参照和审查。这种抽样方法主张使用配额，即研究人员在研究之初就提出的指导抽样的初步框架。这些配额使用阐释性逻辑而不是代表性逻辑来确定抽样框架。配额也是一个基线，随着研究的深

入,可以根据配额对研究中的抽样进行评估。理论或立意抽样的
关键在于确保研究过程中有机会反思配额是否得到满足,以及这
些配额在回答研究问题时的作用如何。梅森(Mason,1996:101)将
此描述为一项评估工作,其结果可能是对现有抽样配额的修改,或
引入新的配额。

在《质性研究》(Qualitative Researching,Mason,2002)的第二版
中,梅森修订了理论或立意抽样,引入了一个新的术语。理论或立
意抽样被描述为有机实践,其在整个研究中成长和发展。梅森
(Mason,2002:127)认为,质性研究中的抽样,是由研究人员想要通
过分析来实现的目标所塑造和建立的。它"与研究项目的新形态
有着至关重要的联系"。

抽样的原因

任何研究项目的形态都是以可用资源和研究目的为指导的。
这些就是抽样的原因——研究人员总是面临资源限制的实际问
题。无论我们多么希望,也不可能将所有事物或者人纳入一项研
究中。可能有例外,比如对一个非常明确的小型组织或者文件集
展开的集中调查,在这种情况下可以考虑将总体纳入研究中,但这
种研究很可能是罕见的。应对资源有限问题,另一个切实可行的
对策是试图以某种方式捕获对整个群体的洞察。梅森把这描述为
人口普查视角。研究人员可以决定进行大范围的数据收集。从更

大的总体中收集数据将始终是调查深度和广度之间的权衡。尝试从庞大总体中收集细致描述（常用于质性研究）将不可避免地导致资源问题。在研究设计中，不仅在收集数据的过程中要考虑资源约束，而且在组织、呈现和分析这些数据的过程中也要考虑资源约束。考虑到这些因素，研究人员将不可避免地选择以某种方式进行集中研究。也就是说，他们将决定一个实际的样本，以便进行深入细致的研究。

　　正是这种对调查深度的要求，为抽样提供了第二个理由。抽样是出于策略的考虑，因为研究人员有兴趣调查特定类型的研究问题。这些问题总是需要相当详细地调查社会现象；他们意在了解在特定自然或现实生活背景下，一个社会现象发生了什么、为何发生以及如何发生。正如梅森（Mason，2002：121）指出的，"质性研究通常关于深度、细微差异和复杂性，并且诠释这些是如何成立的"。质性研究抽样意在实现调查的深度，而非覆盖的广度。研究人员寻求的是深入的见解来回答他们的研究问题。

抽样，研究问题和研究论断

　　当然，研究问题在社会科学的许多学科中有所不同，但就像上面讨论的巴黎面包店里面包制作的问题一样，它们都源于制订研究计划时所做的智识工作。这种早期的智识工作是进行理论或立意抽样的核心。它使研究人员以自己满意的方式解释如下智识难

题:如何理解他所提议调查的社会世界的性质和本质,了解该社会
世界需要哪些证据或知识,他的研究界域有多宽,以及如何为他的
研究问题找到依据。图3.1展示了在理论或立意抽样中选择样本
的路径示意图。

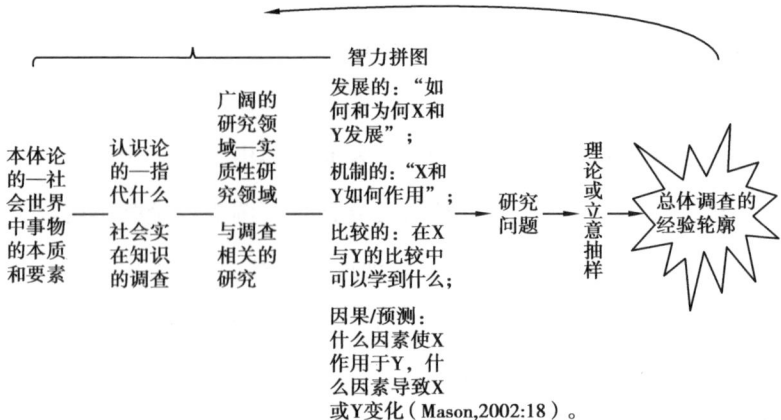

图3.1 理论或立意抽样的归纳和智力之旅

　　研究问题及其基础智识工作是梅森的方法论的关键点,意在
阐明理论或立意抽样的含义。理论影响研究框架,继而影响样本
选择。质性研究人员从一开始就得决定对谁或什么进行抽样。此
外,随着研究的进展,理论和这种智识工作继续指导关于立意抽样
的决定。如梅森(Mason,2002)所强调,将理论抽样定义为:

　　　　根据群体或类别与您的研究问题、理论立场、分析实
　　践,最重要的是您正在展开的论证或解释(2002:124)的相

关性,选择研究的群体或类别。

这种对理论或立意抽样的解释表明研究人员具有强烈反身性。梅森认为,关于如何看待社会世界,如何调查社会世界,以及想要阐明何种解释,我们得做出决定。这使我们能够在抽样之前的智识工作中确定研究问题。抽样决策受到这种智识工作的影响,并由研究中的经验和理论发展推动。对梅森的一种常见误读是,认为智识工作仅在研究初期开展,理论或立意抽样只是验证研究中关于预设总体的理论,结论由这种特定的解读引出。然而实际情况并非如此。我们也不能假定,在研究之初就能完美地解决影响智识难题和研究问题的本体论和认识论问题。梅森同意克莱夫·塞尔(Clive Seale, 1999)的观点,即我们在研究初期可能并不清楚我们的本体论立场(personal communication)。她强调,反身性要求在这个归纳性策略的整个研究过程中重新审视智识工作。

为有机抽样实践设定基线

刚开始,研究人员对他们有兴趣调查的社会现象的了解有限。如上所述,在理论或立意抽样策略中,在决定对谁或者什么抽样之前,研究人员需要做大量的智识工作。这种智识工作及其在研究问题中的表达与抽样的联系,最初是通过抽样配额来实现的。抽样配额试图以某种方式构建抽样策略,因此它与这种智识工作有关。梅森(Mason,2002:128)提醒我们,在决定对谁或者什么抽样时,应该始终参考研究的内容,以及被抽样者是否会为研究提供有意义的数据。这将有助于研究人员"找出最合适的分类单位,样本通常借助它们被区分开来"。

找到合适的单位就是一种简化的分类方法。它将首先描述样本的基本属性。这样做的最常见方法是凭借常识或现实生活类别来选择可及的特征或属性。这些类别通常表示为变量。一些类别可以通过二手资源轻易获取,例如从调查或普查数据中获得的性别、种族或年龄。另外,研究人员也可以对变量进行特征描述,以捕捉经验或行为。正如梅森(Mason,2002:129)强调的那样,这些变量应当"由阐释逻辑驱动,该逻辑根据研究的特定关注点对(样本的)不同分类方法进行质疑和评估"。

对阐释逻辑的强调至关重要。变量永远不足以理解所调查的社会过程。它们代表了样本的某个特定的显著属性,但它们只是"本质上复杂的和差异化的生活经验"的指标(2002:129)。因此,变量是确定抽样配额的起点。为了强调这一点,梅森(Mason,2002)对比了质性研究阐释性逻辑与随机研究代表性逻辑中变量的使用。梅森(Mason,2002)认为,这种逻辑试图根据静态和横截面变量来声称样本作为更大总体的一部分而具有代表性,是质性研究中最不常用的抽样逻辑。对变量的依赖限制了研究中理论和分析进展的可能。而当认识到变量提供了选择样本的起点,并通过该样本来研究易变的、动态的、现实生活中的经验时,研究人员需批判性地理解这些类别阐述,避免"陷入代表性逻辑"的危险(2002:131)。

　　如上所述,采用简明扼要、经过严格评估的方式说明对什么进行抽样,也有助于研究初期配额的确定。图3.2展示了一个配额的例子。在研究中制定配额时,此处考虑的经验、背景和特性要尽可能有意义地描述样本。该目标列表还凸显了样本可能携带的若干研究旨趣属性。可以看出,提议目标的最终总数不等于配额目标列表中概述的每个子目标的总和。

```
××抽样,其中

××以一种方式经历过我所感兴趣的现象

××以另一种方式经历过我所感兴趣的现象

××在特定的背景下经历这种现象

××在不同的背景下经历这种现象

××具有某个特定属性

××具有另一特定属性

其中××抽样≠Σ××目标
```

图3.2　配额目标列表

　　这样的配额目标列表可以指导从抽样框中选择样本。梅森(Mason,2002)继续强调,"无论你选择什么样的框架,你的抽样实践都将受到框架的参数和特征的影响"(2002:140-141)。在下一节讨论的理论或立意抽样策略的例子中,抽样配额来自一个框架,其中研究者如何指导调查也是他们研究内容的一部分。

理论或立意抽样策略

在调查研究中,抽样决策是在项目一开始时一次性做出的,并遵循规范化的统计程序。与此不同,实地研究在田野工作的不同阶段做出关于理论或立意抽样的决定,这些看起来很特别。但是,如前所述,理论或立意抽样策略的应用既有系统决策也有灵活性。珍妮特·芬奇和詹尼弗·梅森(Janet Finch and Jennifer Mason,1990)描述了他们在一项研究中应用这种归纳抽样策略来调查家庭义务的方式——基于义务概念化的两种不同方式:作为内嵌于社会的道德规范,或者作为个人之间的协商承诺。

他们的研究分为两部分。第一部分包括随机选择的978名居住在英国大曼彻斯特区、年龄在18岁以上的个人,这些人回答了定量调查问卷。在这项调查中,重点关注家庭义务的规范性信念,参与者被询问是否愿意参与第二阶段质量评估而接受访谈;85%的参与者同意再次接受访谈。第二阶段试图探讨"信仰的复杂性,信念和行动之间的关系,以及人们如何真正协商承诺"(1990:27)。第二阶段的经费有限,在研究计划中只编列了120次访谈的预算。

研究所采用的抽样策略是理论的,因为其意图是基于理论而不是统计理由选择研究总体。诚如芬奇和梅森(Finch and Mason,

1990:28)所言,"理论抽样寻求研究结果的有效性而不是研究总体的代表性"。这个理论的效度取决于研究者在研究过程中做出的抽样决策的质量。这种情境理论抽样具有立意性。除了灵活性和系统实施外,抽样方法还要遵循三个原则。第一,理论和数据收集之间的相互作用,这反映了研究人员的关注——理论和收集的数据之间应该始终有密切的关系。第二,关于对谁抽样的决定是贯穿研究的一个持续性过程,随着研究的推进,研究人员可以改变方向,对进行多人访谈和个别访谈持开放态度。第三,数据分析和对现象理解的修正是贯穿于整个项目的持续性过程,而不是(通常置于收集所有数据之后的)一个独立的阶段。

　　虽然这种理论或立意抽样是系统的,但芬奇和梅森(Finch and Mason,1990)强调,制定一套一般性规则是不合适的。他们坚持认为,研究中所做的决定应仔细记录,以阐明理论抽样的情境感。该理论或立意抽样策略的一个显著特征是,使用现场日志和研究会议记录系统地描述研究期间所做的抽样决策的方式。芬奇和梅森(Finch and Mason,1990)广泛借鉴了这些记录,强调了在研究过程中做出理论或立意抽样决策的三个时间阶段,分别是:最初的抽样决策;在实地工作期间复核抽样决策;以及对实地工作进行评估的持续性策略。

初始抽样决定

　　研究一开始,研究者就要考虑选择谁进行调查,这个选择也将成为研究的抽样框架。在做出这些决定时,研究者希望保留灵活选择后期受访者的机会,无论该受访者是否对调查工具做出回应。该研究的早期规划会议的田野笔记强调了以下决定:

- 运用配额抽样方法确定 25 岁以下的两个子群体——5 名离婚妇女和 5 名最近再婚妇女,并将此作为第一阶段研究中的调查抽样框,聚焦研究问题。这样的小样本将使后续在资源有限的情况下进一步选择受访案例变得可能。

- 决定开始仅与女性面谈,然后决定是否雇用男性研究人员来访谈男性参与者。

- 随机将女性分到两个小组,而不是根据研究结果所示的经验将女性分到多个小组。研究人员认为,他们选择抽样的两个小组很可能"已经经历了一些再谈判,这将使义务问题明确"(1990:31),并且在他们的家庭关系中可能经历了重大的社会变化。

- 有人提议引入对照组,但这被否定,因为研究目的不是从代表性样本中去概括归纳,而是在分析和阐释逻辑的驱动下进一步选择样本。

　　这些关键决定突出了理论或立意样本的四个特征。首先,深度重于覆盖广度。研究人员决定了只有两个子群体的相对较少人数的配额目标。重点在于从参与者那里获取详细丰富的描述,这些描述能够提供洞察,影响接下来的理论或立意抽样。

　　其次,理论意义指导了抽样决策。研究人员凭借他们的经验,认识到在选择这些特定的子群体时,他们最有可能了解正在调查的家庭关系的谈判和再谈判。此外,研究人员的本体论立场在他们的抽样策略中得以明确。这表现在他们认识到了他们正在使用的框架,他们收集和分析的抽样调查的不足。

　　再次,通过从抽样框中随机选择的这个初步选择阶段不寻求预先判断研究发现。对选择的限制仅是参与者的年龄,以及他们是离婚还是最近再婚。研究人员对他们的样本的潜在多样性,例如阶级、种族和就业状况等问题表示关注。但他们决定不在这个抽样的初始阶段纳入这些选择标准。相反,他们建议根据这些维度选择样本的受访者,如果他们认为合适,再选择其他人。芬奇和梅森(Finch and Mason, 1990:34)认为,这种方法"保留了稍后阶段重新思考该策略的可能性"。理论或立意抽样这个阶段的重点是既具有系统性也具有灵活性。

　　最后,研究人员关注的是平衡研究目的与可用于进行研究的资源。在这一抽样初始阶段做出的决定,留下了规划未来抽样策略的机会。关于是否招募男性参与研究,因而雇用男性研究人员的决定被推迟,直到从初始样本获得洞察。类似地,只有在进行初始抽样和数据收集时才做出关于选择亲属纳入研究的决定。

田野工作中复核抽样决定

家庭义务研究的目的是对从抽样框中选出的参与者进行访谈,然后对他们的亲戚进行关于家庭谈判相同经历的后续访谈。抽样选择第二阶段的目的是确定招募这些亲属加入研究的策略。因此,研究人员必须做出关于应该访谈哪些亲属的决定,以及他们如何定义要跟进的亲属群体。关于这些选择标准的初步决定是在研究的早期阶段,在最初的抽样策略决定后仅一个半月的规划会议上做出的。在这个规划会议上,研究人员决定:

- 将回答了调查问卷并同意在质性研究中受访的受访者视为亲属群体的中心人。这意味着亲属在某种程度上与初始样本中的受访者直接相关。该策略将避免随意选择样本。
- 纳入的标准是,从受访者的角度来看,这个亲属是重要的。受访者在采访时告诉研究人员,亲属直接参与了家庭义务的谈判。曾经参与过但现在未与受访者联络的亲属被排除在外。已经卷入危机情境的亲属也被排除,研究人员认为将他们纳入研究可能会引发伦理问题。

- 选择亲属群体进行深入研究,在这个亲属群体中,初始受访者描述了他们的亲属如何提供经济和物质支持。

这些决定强调抽样决策和资源之间的关系,以指导理论或立意抽样的策略,也强调研究人员在整个研究过程中反身性地参与智识工作的作用。关于如何看待亲属群体的性质、什么是重要亲属、什么是支持等社会现象的决定,以及关于沿亲属关系网络多远进行招募和访谈的方法决定,都是由研究人员制定和界定的。这些决定将影响对所代表的总体做出的论断。在会议记录、研究记录和评论中,都有对如何在"从极少数亲属群体中获取非常详细的信息,并将一系列不同的经历纳入研究中"(Finch and Mason,1990:37)之间取得平衡的评价。在具有无限资源的理想世界中,人们既追求描述的深度,也寻求涵盖的广度。资源总是中和着这些决定,道德考虑也是如此。这里描述的理论或立意抽样策略迫使研究人员不断简化他们的抽样策略,尽管他们知道研究中可能出现更多有趣的洞察。研究人员不得不"准备牺牲……可能性,以制定一个系统化的选择策略"(1990:37)。不过,芬奇和梅森也提醒我们,其他研究人员可能会采取相当不同的决定。

评估现场工作并继续进行:持续的抽样决策

对理论或立意抽样策略进行评估,目的是在研究过程中对抽样策略进行评估和修改。这是微调,同时,研究人员有机会反思数据如何有助于修正理论。这种策略受到分析归纳方法的影响,通过理论或立意抽样策略,选择和比较某些关键类型的案例,以图检验和修订理论。

在研究期间的任何阶段都可以开展评估活动,并且可以重复进行。珍妮特·芬奇和詹尼弗·梅森在最初的规划会议后约四个月进行了第一次评估工作。此时,他们已经完成了41次访谈,对规划的120次访谈目标安排了17次访谈。他们的审议是基于珍妮特·芬奇准备的讨论文件。会议记录中所述的这项工作处理的关键问题是:

- 识别和确定研究人员期望包括在样本中但没有充分代表的群体。这些群体包括男性,他们在最初的规划会议中被排除在研究之外,因为研究人员没有资源来访谈他们。在评估工作中,研究人员确定了纳入男性的重要性。他们讨论了在对这部分样本进行访谈时确保研究人员安全的策略。

- 研究人员认为失业是一个重要的问题,失业对他们的研究结论有影响。抽样框提供了就业状况的数据,但这是一年前的数据。他们决定接触在调查期间失业的受访者,但是排除了老年失业人员。

- 样本中第三个未被充分代表的群体是少数族裔。在讨论如何让这部分群体参与时,研究人员决定了如何纳入这些群体,以及访谈表的问题结构是否合适。在接触个人之前,先阅读了调查中的个人记录。

- 研究人员还注意到,在中产阶级社会群体中,居住在自有住房中的受访者较多。他们决定尽力招募来自最高社会阶层和手工社会阶层的受访者。这是出于理论原因。珍妮特·芬奇指出,他们的数据表明,处于中产阶级群体的夫妻离婚后仍然维持友谊,她想知道这种情况是否只适用于该群体。

- 研究人员将他们的研究重心确定为离婚和丧偶,特别是对于不到50岁的人,他们推断离婚的受访者会有类似的经历。他们决定跟进有亲戚离婚或丧偶的个人。

- 他们重申了选择受访者的标准,特别是确保适当的老年人被招募到研究中。他们希望确保这些受访者没有卷入危机情境,他们在最初的会议上认为这会使研究遭遇伦理困境。

- 他们优先考虑纳入继父母,因为这是研究中的一个中心问题。研究人员同意复查调查问卷,并从亲属群体中确定纳入研究的继父母。

- 研究人员根据他们已经拥有的数据、可用的资源以及他们在评估工作中的讨论,再次决定了对多少名受访者进行抽样。规模很小,有十个人,其中五个人离婚/再婚,以及五个年轻人。他们还试图在这个配额中与其他类别相关联,所以希望招募处于较低和较高社会阶层的男性受访者。

- 他们同意在研究的稍后阶段再进行一次评估,以评估他们所确定的类别的代表性。

这项总结工作作为样本的调整提供了支持。芬奇和梅森观察到,在研究的某个阶段,他们通过抽样和分析将研究中的理论发展与数据联系了起来,他们对这些智识工作所产生的想法和理论充满信心。兹涅茨基(Znaniecki)认为,这是一种分析归纳策略:

> 已被称为类型法或典型案例法。……类型最初意味着一个摹本(mould),一个模式,在此之后,多样性或个体实例被塑造,因此类似于在"柏拉图"意义上的"理念"(eidos)或"想法"(idea)①,作为一种真实数据的预构造(1934:251,斜体及引号为原文中强调)。

兹涅茨基运用"摹本"这个隐喻提供了一个有用的视觉图像,说明了分析归纳是如何被概念化的。诸如理念(εἶδος/eidos)、形式或类型等源自柏拉图哲学的概念,是来自不完美的或近似的副本的完美表征。作为完美的抽象模式,理论被纳入到与经验数据轮廓的互动中。珍妮特·芬奇关于离婚后友谊的观察便是一个应用分析归纳的实例。研究人员有一个理论,他们称之为"波西·西蒙兹效应"。这个理论受到研究中的具体实例和所收集数据的经验轮廓的启发,同时也得益于他们的理论专长。

---

① 关于柏拉图哲学中的 edios 和 idea 究竟如何理解和翻译,在哲学界也是历久弥新的争论。此处用了英文版最字面的直译法。——译者注

波西·西蒙兹(Posy Simmonds)是英国漫画家,她所塑造的中产阶级人物似乎总能在离婚之后和睦相处。她在大开本报纸《自由日报》上发表了许多漫画。这些漫画图像的运用相当好地衔接了研究中的经验数据与理论洞察。研究人员将这种现象称为"波西·西蒙兹效应"。他们正在发展一种抽象类型,通过理论或立意抽样的决策形成共鸣。这种分析归纳表明,现实并非从经验数据中被发现、突显或建构的。正如梅森(Mason,1996,2002)强调的那样,这是研究过程中持续的智识工作。理论或立意抽样遵循实证调查的架构,始终受到研究问题、理论立场、分析实践以及研究中发展出的论点或解释的指引。案例,例如典型的、比较的或负面的案例,都是由思想和经验数据所塑造的。它们在研究中被选出来,以便对具有普遍相关性的理论陈述进行推理(Greenhalgh et al.,2011)。

此外,芬奇和梅森(Finch and Mason,1990)发现,研究中的典型案例使他们与研究初期相比,在决定对哪些人进行抽样时更能保持研究焦点,减少了偏离主题的风险。这一点在本次评估中对各类别的精细调整和完善上,得以体现。这些决定有两个。在本次评估中,首先决定了那些需要额外资源和努力才能触及的群体。例如,男性、上层阶级和少数民族群体被识别为难以接触的对象。

第二组决定扩展了所调查的具体事例以及可从研究中得出的结论。例如,有意识地将失业人员纳入样本,这就扩大了提出的研究问题的范围,因此也扩大了从调查中得出的推论的范围。这些决策的核心是关注一个"当代问题"(1990:44)。研究本身是在1985

年至1989年间进行的。英国的失业率在1986年达到顶峰,略高于劳动力总数的10%。最新的失业数字经常出现在新闻报道中,成为公众意识的一部分。正是基于这一点,失业者被特意选入样本,成为研究中的典型案例,以反映当时社会经济状况的一个侧面。

对研究中样本的描述乃是基于开展研究,以及为研究提供信息并在收集数据的过程中所做的许多决定而形成的。早期的配额样本是在研究开始前的智力准备阶段确定的。随后的决策则是基于研究过程中的持续学习和发现。讨论什么样的信息提供者算是优秀的,有助于强调这一点。梅森表达了她的担忧,她可能倾向于只追踪那些她认为优秀的信息提供者——那些能够清晰地、有分析性地直接讨论研究议题的人。这些信息提供者能够反映并深入理解所研究的案例和过程。梅森还提到了,尽管其他信息提供者也谈论相似的案例和过程,但无法使内容听起来吸引人。她坦言自己有一种"难以摆脱的怀疑",担心自己可能无意中从研究中排除了那些她觉得不那么有趣的人。芬奇在听了梅森认为不太令人满意的录音后,以自己对田野工作的思考回应了梅森的反思。据她观察,她确实会追踪那些她认为有趣的问题,但并不觉得自己受到了互动性因素的干扰。这强化了团队在决定抽样对象时的重要性。抽样策略的核心是确定最佳案例,以便为研究问题提供深刻的洞见。

这些在整个研究过程中反复做出的决定是系统性的。研究人员在决定抽样什么研究对象时表现得非常明确。他们不是由经验数据中新出现的理论所引导,而是基于研究中具体实例的经验轮廓,以及他们在实地工作之前、期间和之后所进行的明确理论化。

他们详细的实地记录和会议记录旨在捕捉"(抽样)决策不断变化
的背景、其目的和后果,以及这些决策所依据的原则"(Finch and
Mason,1990:49)。理论或立意抽样策略就是这些决定的体现。通
过仔细记录研究过程中所做的众多决定,以及这些决定如何导致
确定关键类型的案例,研究人员能够对研究中进行抽样的总体做
出综合判断。

定义一个总体:关于样本的新现诠释性描述

研究人员总是试图通过实证或理论的概括来扩展其研究的影
响力。梅森(Mason,2002:195)意识到,任何概括都应"基于你的
项目的经验轮廓"。正如前文所述,这些轮廓是在决定研究对象
的抽样和所选择的特定案例之间的坐标轴上绘制的。理论或立
意抽样使研究人员能够表达出有意义的内容,即所选样本所揭示
的或概括的是什么。换句话说,样本所代表的经验和理论总体是
一致的。通过将抽样决策与所选案例联系起来,研究人员综合了
经验和理论考量,从而能够对所选样本与更广泛总体的相关性做
出论断。

正如芬奇和梅森(Finch and Mason,1990)在对理论或立意抽样
的描述中指出的,研究者在选择样本时总是面临着选择其他可能
的总体而非当前所选总体的可能性。这强调了抽样策略必须与所
代表的总体之间存在清晰且直接的联系。明确的抽样框架不仅有
助于确保研究的系统性和透明度,而且对于从样本中得出的结论

能够合理地推广到更广泛的研究总体至关重要。

这种方法策略中还有一些固有的保障措施,以确保关于抽样的决策不仅仅由研究人员的个人偏好推动。研究问题和智识难题捕捉到了研究人员对被调查的社会现象的理解,以及我们合法生产知识的方式。正如诺曼·布莱基(Norman Blaikie, 2010)观察到的,研究策略中的这些本体论和认识论假设并不是相互独立的。研究设计和对谁或者什么抽样的选择必须在一个方向上与研究的理论假设相一致,并在另一方向上就理论和经验层面与研究人员所描述的总体相一致。

因此,描述总体(从中抽取样本)的能力对于从理论或立意抽样中得出论断的严谨性来说是基本的。质性研究,如已经强调的,不能遵循随机研究的代表性逻辑,在随机研究中,可以有把握地宣称研究结果代表了更大范围的总体。在使用这种阐释和归纳策略时,梅森(Mason, 2002)指出,抽样类别的意义在理论和经验方面都有定义,即使如此,从这一策略得出的论断也是理论性的。梅森提出了五种不同的理论概括:

第一,研究人员可能声称研究结果以某种方式代表了总体。这一声称不是来源于寻求具有代表性的样本的抽样策略,因此得出的论断相当薄弱。不过,研究人员也可以声称:没有什么理由怀疑使用一些确定特征的样本是非典型的。

第二,通过对特定场景中的社会过程进行详细抽样,有可能了解到在其他场景中类似过程发生的方式。根据对"这些似乎是在该背景和过程下的关键解释因素和过程要素"（Mason，2002：196）的观察，做出可能的论断。然后，这些论断可以帮助研究人员为其他场景找出潜在的经验教训，并且总是被问是否还可能在更多其他场景中带来更广泛的共鸣。

第三，研究人员可以参考特定理论有目的地对极端的、不寻常的或关键的问题或过程进行抽样，以探究被调查的现象如何促进理论主体的形成和拓展。

第四，在选择样本时，研究人员可以选择有可能提供策略比较的问题或过程，这有助于检验和发展理论和解释性命题。这些可能是"智识难题的关键维度或有趣的可能性"（Mason，2002：196）。

第五，研究人员可以展示特定问题或过程如何和为什么在特定环境中出现，这些环境已经被策略性地选择。这种方法允许进行潜在的跨环境概化，这说明了如何通过使用抽样或过程中的特定性和差异性来紧密连接环境和解释。

这五种理解理论概化的方式都指向理论或立意抽样策略。在决定什么是典型的或发生在特定环境中的某事物时，研究可以提供说明性的和令人回味的描述。做出这些抽样决定的重点是基于阐释逻辑理解这些策略。正如已经强调的那样，这一逻辑的特征在于为寻求洞察做深入调查，这种洞察是对被调查的社会过程或现象的细致入微、近距特写和一丝不苟的解释。然而，使用这种详细的方法并不意味着在研究中放弃严谨性。像前面的讨论强调的那样，这也不意味着这种归纳策略只涉及特定的研究。研究人员

必须做出对谁或者什么抽样的决定,并能够描述:

> 一种关系,其中样本被设计用于概述与更广泛的总体相关的单位范围,而非直接代表(Mason,1996:92)。

关于抽样逻辑的这些观察留下了一个问题:样本和更广泛的总体之间存在什么样的关系。正如梅森(Mason,2002)所指出的,样本并不直接代表总体。特殊或关键单位在研究中可能具有重要意义。它们在理论上将是重要的,因为它们将使研究人员能够检验和发展理论命题。情境与现象之间的关系也很重要。正如已经强调的那样,在抽样决策、数据分析和他们打算阐释的社会解释类型之间应该有直接的联系。梅森(Mason,2002)认为,这种迭代会影响抽样的概念和程序。

因此,理论或立意抽样不仅仅是即兴、偶然或任意的。所做的决定要证明抽样是合理的,因为它在研究中确实要发挥作用。它使研究人员能够进行某些类型的分析,因为样本描述、描绘或象征了研究人员能够描述的特定总体。理论或立意抽样绝不是临时性的或不明确的,尽管通常无法计算出样本在多大程度上代表了更广泛的总体。临时性的抽样是不可取的,因为它严重限制了研究中的分析可能性。布莱基(Blaikie,2010:177)进一步说明,临时性的抽样是懒惰和天真的,以及"最极端和不好的非概率抽样形式"。

可以看出,理论或立意抽样与扎根理论中描述的理论抽样并不相同。关键区别在于研究人员扮演决策者的角色,这涉及他们如何在研究过程中概念化、运用和改进理论。此外,还涉及理论、关键案例、典型案例或独特案例,与这些案例的经验观察之间的联系如何被加入到分析中,以及这些因素如何影响研究得出的论断。将研究人员的反身性置于抽样策略的核心,这强调了研究人员在决定研究中对谁或什么进行抽样时所发挥的策略性作用。在理论或立意抽样的分析归纳方法中选择关键类型的案例,可以证明从研究中得出的论断。研究的总体是一个确定的封闭系统,案例的抽样先于其识别。

结论

在理论或立意抽样策略中,研究人员需要在决定和证明他们的抽样方法上投入大量的智力劳动。这是因为选择和研究样本都需要在研究过程中进行深入的工作。抽样决策必须基于对被调查社会世界的深刻理解,并且与研究人员试图解答的研究问题类型紧密相关。同时,这些决策还必须能够响应研究过程中的经验观察和理论发展,研究人员必须能够阐释样本如何代表或与特定总体相关联。这种有机的抽样实践的关键在于其支持理论概括的能力,以及研究结果所能提供的深刻见解和说明性叙述。在进行特定类型的分析时,研究人员通过反身性地塑造和形成样本,一步步地深化他们的研究。

这种理论或立意抽样的观点强调,研究人员从研究计划的最初阶段到研究完成的整个过程都在不断地做出抽样决策。它认识到所有研究都受到资源和道德约束的限制。研究人员通过他们的研究框架和抽样策略的决策，来对研究产生影响，他们在这一过程中的作用是这种方法的核心。这里的重点不在于对研究中呈现的实证结果的反思性回应，而在于研究人员作为具有反身性的行动者，决定对谁或什么进行抽样，以及这些决策与研究总体的关系。

这种对理论或立意抽样的调查表明，阐释性和归纳性策略将社会理论带入到研究，以及研究人员如何在整个研究中更迭决定研究什么，与谁以及何时研究。理论或立意抽样策略是确定研究案例的方法学策略的一部分，以从调查中得出论断。这些说法本质是理论上的，超出了研究者们实证调查的范畴。

迈克尔·奎因·巴顿在前一章中描述了其实用和务实的目标导向性抽样策略，他大胆地加以断言，感觉没有必要附上任何参考资料。质性研究已经足够成熟，可以被认为是理解社会世界的合理方法。它可以提供有价值的见解。它不需要遵循客观主义规则，而这种规则源于实证主义世界观，由格拉泽和斯特劳斯（Glaser and Strauss, 1967）详尽阐述，并由格拉泽（Glaser, 1992）在他们的理论抽样描述中再次被论述。

此外，客观性并不是一个固定的社会和科学现象，可以通过研究方法上的转向来实现。根据洛林·达斯顿和彼得·加里森（Lorraine Daston and Peter Galison, 2007）的观点，自 17 世纪首次将客观性与主观性相提并论以来，客观性的定义就发生了变化。科学表述中的客观性在现代经历了三个不同的定义阶段。在17和18世纪,客观性被定义为参考完美的上帝般的代表的呈现。在19世纪和20世纪中叶,客观性是参照实质观察到的,精确的事实准确表达。这是支撑早期扎根理论的理论抽样策略的机械客观性。近年来,达斯顿和加里森(Daston and Galison,2007)将客观性描述为知情判断。这种描述认可科学家阐释他们所研究事物的专业性,不论是这些解剖图谱的医学世界,还是社会科学家关于社会现象的调查和理论。

　　本章讨论的理论或立意抽样策略对认可研究人员在他们的实证调查中应用他们的专业判断和做出决定的方式至关重要。

　　如第一章所讨论的,建构主义扎根理论者越来越多地认识到社会研究人员将理论带入研究,进而以某种方式影响理论样本。在解释什么被认为是反身性转向时,这种建构主义对这些理论仍然是不可知的。不可知论认为,物质现象之外和之后的任何东西的存在都是未知的。它假设真实可以被直接感知和描述,并且研究的结果是经过解释的描述性经验主义。

　　对理论或立意抽样的考量则采用了完全不同的方法。关键案例是通过理论(或智识)工作选出来的,这些理论(或智识)工作既能为所调查的社会现象提供信息,又能紧紧抓住其经验轮廓。不可知论被对理论的信仰所取代,理论即是能够通过质性研究加以阐释的一系列观念。理论或立意抽样策略的分析归纳假设、阐释现象和概括这些现象需要的不仅仅是对事件和经验的忠实抽象呈现。它还需要理论和经验描述之间的直接互动。抽样是在研究中有机地发展出的策略,通过该策略,完全抽象的模式与经验证据一起用于选择案例,不论是典型案例、反向案例还是用于研究对比的案例。在《质性研究》的两个版本(Mason,1996,2002)中概述和阐释的理论或立意抽样策略,细致而审慎地说明了分析和强阐释方法对质性研究抽样的影响。

这些延续了质性研究中的分析归纳的方法论传统,可以追溯到兹涅茨基(Znaniecki,1934)的哲学著作,其通过对事物逻辑分类的构成来洞察社会世界。这种构成不可能来自"纯粹的经验现实"(1934:252),而是通过智识工作和案例的经验轮廓来加以确定。分析归纳,从特定案例移动到一般理论并回到另一案例的行为,可以通过案例来实现,它们是由一组数据和理论构成的,以便从一个特定实例转移到其他特定实例。

以实在论抽样策略来看,在质性研究中的这些抽样方法存在局限性。理论或立意抽样中运用归纳和阐释策略,依赖于将单个的微小事件纳入到研究人员智识工作这一封闭系统中,以产生关键的、典型的或独特的案例。但现在,正如前文的命题所述,社会现实并不是简单地通过解释和想法来描述的,而是更加丰富和深刻。实在论抽样策略必须解释复杂、开放和分层的社会,以及自然和物理系统中固有的因果作用力、倾向和意向。应对这些挑战是本书第二部分的重点。

第二部分

案例选择

第四章 实在论抽样基础

本章将深入讨论本书导论部分所提出的实在论五大命题,以详细阐释科学实在论,并继而考量上述洞察在实在论研究中的意涵。从本章起,本书将重点讨论科学实在论下质性研究中的案例选择问题。本章将探讨复杂系统中人类能动和结构及其因果力相互作用的预设之于研究的影响方式。实在论研究旨在寻求好的诠释和解释。无论是在质性研究还是在量化研究中,又无论是在自然科学领域还是在社会科学领域,比较研究还是历史研究中,抽样都可视为获取案例。研究中汇集了大量形式不同、功能迥异的实在要素,而研究者则从中选择最适于验证某一特定理论的那部分,该理论能够解释正在研究的问题。选择案例的窍门在于对材料进行最优化组合,以改进理论,继而在研究项目的资源约束范围内重复这一做法。在任何研究中,影响样本选择的是理论,而用于验证理论的是抽样策略。在初始阶段,这些理论并非经验性数据的结果,而是关于实在现象的大胆推测。本章将从一个历史案例入手,说明在研究过程中这些步骤如何进行,并基于该案例的经验教训,详细阐述实在论抽样策略的主要维度。

研究中理论与证据的关系:1854年霍乱案例

1854年夏末,伦敦苏活区(Soho)的黄金广场(Golden Square)暴发了霍乱,导致616人死亡。这次霍乱疫情及其科学解释,早已成为一个盛传不息的神话,地理学家、流行病学家和公共卫生专家们都耳熟能详。这个神话的核心在于经验证据与理论之间的关系。在这个老生常谈的故事中,公共卫生医生、麻醉医学的开拓者约翰·斯诺(John Snow)博士根据死于霍乱病人的住房位置绘制了一幅地图,创造性地运用早期定性网络分析中抽样和选择案例的方法,确定霍乱疫情的源头是位于宽街(Broad Street)的一个手压水泵。他让人卸下了这个水泵的把手,死于霍乱的人数随即迅速下降。更显英雄主义的版本说是他亲手移走了那个手压水泵。然而,约翰·斯诺博士以及其他研究者接下来对疫情暴发的理解和归因就大相径庭了。

斯诺所持有的理论,在当时只有少数公共卫生医生赞同。他认为,霍乱是由某种"致病物质"引起的,这种物质极有可能在水中传播,人们饮用后就会罹患霍乱。黄金广场地区的霍乱疫情消退一年以后,斯诺发表了相当多的证据来支持自己的理论(Snow,

1855），其中包括一份自然流行病学研究报告，从全英各地霍乱疫情中收集的案例研究，以及那张著名的宽街水泵周围霍乱死亡数据地图。那张地图，实际上是他在疫情暴发三个月后才绘好并进一步修改的，用来验证源于霍乱暴发原因理论的一个假设。

约翰·斯诺并不是唯一一个绘制地图跟踪黄金广场地区霍乱死亡病例的人。都市排水委员会的一位工程师埃德蒙·库珀（Edmund Cooper）也在努力探明霍乱暴发的原因。他的地图比斯诺的更为详细，用来验证另一个完全不同的理论。他辩称，用斯诺的话来说，"霍乱依赖于空气中某种本地化之后的未知物质，而动植物腐烂后所释放的气体强化了其影响"（Snow，1855）。这种疾病传播的毒气理论在当时是主流学说。库珀的雇主们特别关心的是，他能否找到证据来证明不是他们的排水系统导致了霍乱的暴发。库珀成功完成了任务，证明在死者的住房位置与通过黄金广场地区的排水管线路之间不存在相关性。他的解释跟约翰·斯诺的一样，都是预设理论与经验性资料碰撞的结果。库珀的诠释在卫生总署下属的科学调查委员会处于支配地位，他们否决了斯诺基于水中携带病体理论的报告，倾向于将霍乱疫情归因于腐烂有机物。这种错误的毒气致病理论从诞生到最终被另一个大家后来熟知的细菌理论（Germ Theory）取代，还得经历相当长的时间。我们对许多事物的认识，从医院病房的设计，到流感期间如何洗手的公共卫生建议，再到公众应对流行病蔓延的方法，都基于约翰·斯诺当时正在验证的理论。该理论是关于传染病致病因子的主流理论,主导了医学和公共卫生的实践与研究。虽然它仍非定论,仍有待不断修正,但它就是一个理论,而且被普遍认为是最接近于实际的,至少在目前阶段是这样。

观念和证据

约翰·斯诺神话般的绘图研究被认为是二元论的典范,二元论以或此或彼的方式对大多数现代科学方法产生影响。思想与物质世界是两个相互分离、相互独立和不可化约的存在,两者之间毫无共同之处。在这个故事中,由经验性资料引导出了一个关于霍乱如何传播的理论。就如霍华德·布罗迪及其合作者(Howard Brody et al.,2000)所说的,约翰·斯诺只是诱导性地将地图上作为霍乱死亡变量的经验性标示点和这些点与水泵间的距离关联起来。

虽然约翰·斯诺和埃德蒙·库珀以不同的想法切入此问题的研究,但他们的研究都是实在论取向的。他们都认为经验研究与理论之间不是二元对立的,相反,在研究中他们的观点和证据是一个整体世界中相互作用的部分。他们带入研究中的概念与意义,就跟他们在地图中对那些不幸的霍乱罹难者所居住的沿街平房上所做的标记一样是真实存在的。正如约瑟夫·马克斯威尔(Joseph Maxwell,2012:18)所评述的,对于实在论研究者来说:

概念、意义和意图是像岩石一样真实的存在,它们只是不能像岩石那么容易被直接观察和描述。从这个意义上说，它们就像夸克、黑洞、据说导致恐龙灭绝的流星撞击，或者威廉·莎士比亚——我们没有办法去直接观察它们，我们对它们的论断基于各种间接证据。

本章的中心观点就是，研究者会把想法、预设、概念、意义，以及意图带入自己的研究之中。对这些精神活动的一个简略描述就是实在论的智识工作理论。这个理论不能脱离我们做研究所在的制度体系，以及我们的研究所服务的对象。它通过我们用以描述人类、组织、书籍、图像、网页，或者任何研究对象属性的语言和概念，为我们的研究设定了框架。对于一个实在论者来说，心智过程与可直接观察和记录的过程是相互联系的，在我们所做的研究描述中对两者均需做出阐释。引申开来，实在论质性研究中的抽样，解决了理论和选择样本的依据之间的关系问题。本章要探究这种关系的意涵，但在详细探讨质性研究中实在论之于抽样的意涵之前，我们先在下一个部分将实在论设定为科学实在论进行描述。科学实在论是实在论应用于各科学领域的诸多版本之一。

科学实在论

本书后续部分将要阐述的科学实在论抽样（一般简称为"实在论抽样"）所依据的基础以及所受的影响，可以追溯到罗伊·巴斯卡（Roy Bhaskar，1979）和玛格丽特·阿彻（Margaret Archer，1998）关于批判实在论的洞见。实在论主张，存在着一个独立于我们观察和测量能力的,甚至我们对之一无所知的根本性现实世界。正如巴斯卡(Bhaskar,2008:250)在其科学实在论研究中所总结的那样:

> 事物的存在与行动独立于我们的描述,但我们只能通过特定的描述去认识它们。属于社会世界和人类世界的描述……科学就是企图在思想层面系统性地阐释事物行动的结构和方法,而事物的存在与行动又是独立于思想的。

没有人类的世界是存在的,但人类若没有创造认知的能力,就永远无法认识它。安德鲁·塞耶(Andrew Sayer,1992,2000)对实在论自然科学和社会科学的探究,聚焦于客体与社会关系产生因果力的途径,都有助于关于这些能力的讨论。最近一些研究报告在论及质性研究中实在论的实际意涵时(Danermark et al.,1997),亦是如此。但是,实在论的中心假设,即对任何一项研究(包括探究社会世界的质性研究在内),其实在论内在机制都可能被操纵和影响,从而在一个开放的社会系统中产生特定的结果(Bhaskar,1979),仍在顽固地抗拒实用方法论论述。然而也有例外,比如关于科学实在论的概述(Ray Pawson and Nick Tilley,1997;Ray Pawson,2006,2013),以及一份更为多元化的实在论质性研究报告(Maxwell,2012)。这些作者所承继的学术观点跟我差不多,都在否认:

> 我们能拥有关于这个世界的任何"客观的"或者确定的知识,同时接受对于任何现象做出不同的有效阐释的可能性。任何关于这个世界的理论均被视为基于特定的视角和

世界观,所有的知识都是部分的、不完整的和可证伪的(Maxwell,2012:12,引号为原文中强调)。

同样地,质性研究中的样本无法客观地界定,也不能通过其对象、属性和关系进行完整描述。实在论者可能假定样本就是这样的,同时认识到它是一个概念框架,具有诠释性、解释性和临时性。

实在论抽样策略及其案例选择行为都是社会客体。他们均有历史前因,无论该历史的时间有多短,均将所做选择与其之前的事件关联起来。这些横向解释需要"通过对其实现不可或缺的生成关系进行*纵向*解释"(Archer,1998:196,斜体及引号为原文中强调)。对罗伊·巴斯卡(Roy Bhaskar,1998:25,斜体及引号为原文中强调)来说,"社会形态是任何有意识行为的必要条件",包括抽样和案例选择这样的行为。预选存在的案例选择行为"确立了它们作为科学研究可能对象的自主性,而其*因果力建构了现实*"。本书这一部分的目的是探究研究内部和外部纵向层面的倾向与安排,这些倾向与安排呈现了影响实在论抽样策略这样的有意识行为与其结果之间横向规律的因果力。

描述实在论样本

实在论样本可以描述为经验事实,但同时有必要说明一个特定样本在研究中的效能。实在论者坚信层级化现实与因果力。作为动力与倾向性的生成机制使个人经验和事件规律性地发生。塞耶(Sayer,2000)认为,在社会科学研究中我们最常关注的是对两个本体论层面的理解。经验和实际的领域会放在一起考量,因而得以观察事实性事件以及对它们的体验。第二个领域是现实的领域。在这个领域中,机制或生成动力有可能触发事件。进一步思考这种分层,需同意这样的观点,即动态而复杂的社会现实是以能动与结构的互相依存为特征的。能动可以从经验的、现实的事件和体验中发现和记录,而真实的生成机制则支配、调整和促进这些事件与体验。质性研究中的层级化抽样也以类似的方式进行。

质性研究中抽样的实在论描述,需考虑在抽样行为过程中什么影响到了研究的潜在结论。科学实在论在这里之所以有用,是因为其方法论明确认为,引致特定社会现象的因果关系能够被揭示、显现,并在一定程度上得到解释。正是这种明确阐释机制的可能性影响了相关研究中抽样行为的选择。引发抽样选择的假设可以被揭示,在此过程中,又可以进一步得出更为确凿的有利于理解样本的观点。

抽样必然是建构某些东西。比如,我们选择一个样本——可能是特定年龄的男人、女人或儿童,或者是一个档案库中的某些文档、网页、视觉图像,又或者是任何其他的东西——只是因为它们最有助于洞察所研究的社会现象。这是根据塞耶的模式,在经验和现实领域将样本描述为可观察的类属和变量。这一领域最适合我们的研究解释,也是我们研究中描述样本特征的最常用方法。

它所解释的并不是真实的样本,只是其经验性特征。

若需要更充分地描述样本特征,就必须揭示支配、调整和促进研究中经验性样本选择的社会因果力。社会因果力生成样本。对实在论者来说,这就是生成机制。

有些生成机制,是不受研究者控制的外在的、偶然的机制,但尽管如此,如果我们想要理解研究中的样本,就必须对其加以解释。而其他的机制,即内部作用机制,则是由研究者带入研究之中的理论、模型和概念。这些都是社会建构,不过是相对薄弱的那种。在整个研究过程中,我们将会就构建样本的各种彼此抵触的理论、模型和概念做出理性的,但也容易出错的判断(Olsen,2004)。

在研究过程中,随着对证据和观点理解的深入,对样本的描述也将发生变化。支配样本的生成机制是动态的、可变的。随着研究的进展,观点会得到进一步的提炼与发展。研究伊始,某人或某物可能会基于特定的理论依据而被纳入研究范围。但随着研究的深入,支持上述研究对象纳入研究范围的观点将基于研究中所做的互动与所得的洞见而得到修正。

描述抽样,需先说明生成机制,即框定样本选择的内外部作用力。这个实在论抽样模式的经验和现实领域,对广大研究者来说并不陌生。在大多数质性研究报告中常见到这种对事件和经验的类型化陈述,用以描述一个样本。这种描述所固有的语言谬误问题需要尽快讨论,但在此之前,我要思考这个实在论领域——在实在论质性研究中,框定样本选择的动力与倾向性的生成机制。

抽样中的生成机制

对实在论者来说,生成机制支配、调整、阻碍或促进抽样选择。这些是描述抽样过程的作用力。实在论者通常借用火药的爆炸力,说明蕴含于解释中的因果作用力,以及它们不同于事件与经验的方式。爆炸之发生,部分归因于硝酸钾、木炭和硫黄这些化学成分。但塞耶(Sayer, 1981)提醒我们,只有火药被施加了一定的能量时,才具有产生放热反应并发出砰的一声巨响的可能。火药要爆炸,需要在合适的空气条件下有合适的火花,装填密度合宜,以及其他条件。但适宜的化学和物理条件并不足够,爆炸还需要社会条件。举个英国读者比较熟悉的本地例子:在 1605 年 11 月 5 日夜间,盖伊·福克斯(Guy Fawkes)被捕,虽然被捕时他口袋里有柴火和火绒,火药也已装填完毕,然而火药炸毁英国上议院的潜能还是无法实现。[1]火药肯定具有爆炸的可能,但爆炸并不是必然的。为了确定火药将在何时何地爆炸,我们必须解释其机制,即该系统中内在的因果关系和作用力。要解释清楚火药阴谋失败的原因,就得

---

[1]火药阴谋发生于1605年,一群天主教极端分子密谋炸毁英国议会大厦,刺杀国王詹姆士一世和英格兰议会上下两院的所有成员。天主教极端分子以冬季燃料为掩护,在上议院的地下室内装满36桶火药,并指定盖伊·福克斯在议会开会时引爆火药。由于担心那些信天主教的上议员也被炸死,有人向著名的天主教上议员蒙特伊格男爵秘密通气,却被后者告发。11月5日,国王派人突击搜查,发现了藏于地下室的火药桶,并逮捕了盖伊·福克斯,阴谋即告失败。以后每年11月5日夜间,英国人燃起篝火,庆祝粉碎阴谋的胜利,被称为"盖伊·福克斯之夜"。——译者注

考虑到系统中的多个因素：化学品（火药）、行为主体（福克斯及其同伙）、第4任蒙特伊格男爵所收到的匿名密报，以及结构（国王詹姆士一世和他派往搜索国会地下室并最终逮捕福克斯的卫兵）。

每个英国小孩都知道盖伊·福克斯及其密谋炸毁英国议会失败的故事。我们在每年11月5日焚烧福克斯的模拟像，吟唱童谣："不要忘记！不要忘记！11月5日，火药、叛国和阴谋……"；如果读者不熟悉这个故事，那么可以代之以任何一次最近发生的恐怖主义活动，也许精心策划的爆炸中的装置更为先进，但其背后的实在论解释都是一样的。一次爆炸结果不是必然的，而是决定于相关的作用力与倾向性。为了解释爆炸的发生，所有这些物理的、社会的和结构的机制都需揭示。就像通过揭示这些机制去认识火药的爆炸潜能，质性研究中的抽样揭示了一系列作为样本产生机制的作用力或倾向性。对研究者来说，有些机制是外部作用力，而其他的则是内生的。通过识别这些，我们就能详细说明这些作用力是如何影响和控制我们选择在研究中想要并且能够抽取的人和事物。

为了说明在研究中各种物理的、社会的和结构的机制彼此嵌套以得到一个特定的样本，可以形象地将之比作俄罗斯套娃。不过传统套娃相互间只是同比例缩放，借用来打比方并不完全适合。更为现代的套娃在红场后面的市场有售，是在列宁玩偶外面套斯大林玩偶，然后一路套下去，一直套到普京，这种套娃可以更好地说明，在实在论研究中为诠释和解释社会过程和社会客体所必须揭示的内外部作用力与倾向性。弗拉基米尔·弗拉基米罗维奇·普京是弗拉基米尔·伊里奇·列宁的继承人,即便连接两人的力量与倾向肯定是看不到了。类似地,研究者需要解释研究中框定案例选择的力量、意向与倾向。当然,研究者永远不可能做到完全的反身性(这个话题将在本章的结论中讨论),但他们所面临的挑战就是要尽可能地揭示研究中影响抽样的内部、外部作用力。

抽样过程中的内外部作用力

抽样有赖于外部作用力。它们与抽样和研究的关系若即若离,以特定的方式施加其倾向性,决定或确定研究者选择或控制某个样本的可能性。我们研究所服务的机构——大学、资助机构、研究管理组织和伦理审查机构等——有权界定可能开展的研究的种类,可以研究的课题,以及研究所用的方法。这些机制控制了所能开展的研究的种类,因此也决定了我们所能提出的研究问题。继而,我们选择用于回答这些研究问题的样本,可以通过机制中的作用力与倾向性来描述。外部关系对我们样本的影响,体现于我们研究所服务的机构。

类似地,质性研究中的“守门人”拥有决定性的潜在权力,来决定我们可以或不可以跟谁交谈,因而也决定了研究的可能性。这种决定性的作用力,就像火药的爆炸潜力一样,不是必然的。我们可以花费大量资源去培养信任关系，去协商获取一个不同于守门人初始意图的结果。然而守门人具有倾向性（也经常被视作研究的负累），他们通过拒绝引介，或确保研究者与特定人群交谈、获取特定资源，以特定的方式控制着样本。

外部倾向性对研究中选择何人、何事或何物作为样本具有显著影响。这些作用力与倾向性也会相互调整。比如，在研究者试图通过守门人协调获取样本时，若他被视为代表某个特定机构，可能会潜在影响到守门人对他的态度。比如，我在英国北部某城市的大型高校工作，在某些受众看来，这使我具备了可信度与正当性；而在其他受众眼里，我所工作的大学可能只是一座地处偏远、无关痛痒的象牙塔，并不能解决他们的需求问题。

这种作用力是关系性的，同时也具有广泛性。正如温迪·奥尔森（Wendy Olsen, 2004）所描述的，在印度安得拉邦（Andhra Pradesh）的一个村庄，她与低种姓妇女的交往，使她无法与高种姓妇女以及她们的丈夫交谈。这些外部作用力形成了这样的机制：一个样本进入研究，可能是以另一个不同的样本无法进入研究为代价的。这些外部作用力激励、限制、阻止或促成某些类型的样本，以特定的方式干预样本选择。

举例来说，印度乡村地区种姓制度的作用力与倾向性是建立在可接触性、不可接触性，以及通过第三人传播的可能性等观念的基础之上的。在描述抽样选择时，我们要关注记录这些情势经验和情势事件，以及它们如何以某种方式框定样本构成的可能性。

我们在做抽样选择时，总是受到一定的限制。

不同于外部作用力，研究内在的生成机制并非情势性的。它们是由研究者所提出的、影响样本选择的观念或理论的集合。这些内部作用力明显理论味十足，具备对所选择的样本进行相当重大的、根本性的修正的潜力。

在许多质性研究报告中，这种理论的反身性无疑是显而易见的。这方面的一个例子是迈克·萨维奇、盖娜·巴格诺尔和布莱恩·朗赫斯特（Mike Savage, Gaynor Bagnall, and Brian Longhurst, 2005）关于中产阶级消费模式、生活方式和本地归属感的调查研究。这些作者在其研究报告的开头提到，社会学家重新认识到阶级认同的重要性。这是社会学领域阶级研究兴趣小范围复苏的一部分，之前一段时间里，阶级认同问题遭到了忽视，取而代之的是对诸如性别、种族、性取向和地域等其他认同维度的研究。这项研究根植于已有的理论文献，特别是就业规模取向的阶级分析，以及就业中的阶级地位对人生机会、教育成就和政治倾向的影响。除了萨维奇的阶级认同研究取向，这项研究的理论框架还包括另两位研究者关于地方情境中消费问题的理论立场。借助于这些理论见解，以及皮埃尔·布迪厄（Pierre Bourdieu）关于在特定的地方情境中人们如何感觉舒适与否的洞见，研究者们选择英国曼彻斯特市周边地区作为他们集中抽样的区域。

这一报告说明了控制样本的生成机制，描述了一种结构性的、外部的作用力将研究置于社会学领域内更为宽泛的有关阶级认同重要性讨论的框架之中。这是一种情势生成机制,在以特定的方式界定研究时,这是一种相对持久和可识别的倾向。换个时间、地点或学科,极有可能因研究重点不同而做出不同的选择。这份研究报告还展示了麦克·萨维奇及其合作者是如何带入理论和概念预设去支撑研究架构并继而框定样本的。

描述样本的语言谬误

在学术专著、已发表的论文、毕业论文或学位论文中,样本通常被描述为研究中涉及的人和物。这种描述说明的是某种具体的、经验性的东西。例如下面这个对关系网络、邻里和社区调查研究方法的描述,就是常见的陈述样本的典型方式。

> 我们确定了(处于同一个地域范围内)的四个群体:学生、生活不太富裕的常住居民、少数族群(特别是来自巴基斯坦西北部的巴基斯坦人族群和加勒比黑人族群)和年轻的专业人士。跟任何研究项目一样,我们也受到可用资源的限制。我们可以选作样本的个人数量,在研究初期就已确定。可用资源允许我们可以有24名参与人,于是我们从每个群体中选择6人组成样本,当然,必须得认识到各样本群体之间并不一定是互斥的(Emmel and Clark,2009:5-6)。

对样本的描述如果只提供这种经验性的见解,就会呈现出一种语言上的谬误,因为他们把这种关于样本存在的语言描述误认为是对其存在的充分解释。这份报告中所缺失的——我得赶紧补充说明,其他报告中也同样可能缺失(Clark,2007)——是理论假设。这些理论假设整合起来决定如何在某个特定的地域中选择样本,解释为何在这些群体中抽样是洞察关系网络、邻里和社区的合理途径,以及研究中从理论上理解这三个有争议的术语的方式。换句话说,就是假设如何为研究设定框架,而假设在研究中是以一系列观念或理论的面目出现的。这些就是生成机制的内在作用力,该作用力继而引导了研究中的抽样选择。

正如本章开头所讨论的,生成机制指的是真实的东西。它们既是情势的和外在的,又是理论的和内在的。认识到这一点,研究者就可用于解释研究中控制样本主要特征的因果过程,或其规律性。现在我们的讨论要转向抽样概念化的实际意义,聚焦于在研究中如何应用样本来生产知识。在实在论抽样策略下,立意工作引导目标导向的抽样选择。

立意工作和目标导向性选择

在特定的社会情境中,科学实在论抽样策略由有关我们力图探究的社会世界的一系列观念(或理论)驱动。这种理论认识在研究初期总是以研究问题的方式呈现,即有待验证和改进的特定的理论假设。这些决定了我们在研究中选择何人、何物作为样本。

我们一般用质性研究的通用术语——"自然主义探究"来思考被抽中的单位。在一定程度上，所有的质性研究都是这样的。其重点是特定的案例，无论是个人传记、集体报告、生物或非生物证据，都能给事件和经验提供丰富的洞察。这些案例以特定的方式予以界定，以便我们理解它们如何以及为何会在指定的情景下发生。（社会学）芝加哥学派的奠基人之一罗伯特·以斯拉·帕克（Robert Ezra Park）鼓励他的学生走出去寻找这些事件和经验。"请离开你的书桌"，他恳求道：

> 你被告知去图书馆寻根究底，从而积累下一堆笔记和一身尘垢。你被告知去任何所能找到的发霉的日常记录文件堆里选择问题。这些记录的琐碎表格由倦怠的官僚制定，由不情不愿的救济申请者、瞎操心的伪善者或漠不关心的办事员所填写。这就叫"亲手去做真正的研究，何惜弄脏手"。那些如此劝告你的人是明智的，也是值得尊敬的；他们所说的理由具有极大价值。但有一件事更为必要，那就是第一手的观察。走出去，到豪华酒店的休息大厅坐下，到廉价旅馆门前的台阶上坐下；到黄金海岸的长椅上坐下，到贫民窟的地铺坐下；到交响音乐会的大厅坐下，到"明星与吊袜带"滑稽剧的剧场坐下。一句话，先生们，走出去，亲身投入真正的研究，何惜坐脏裤子（Robert Ezra Park 引自 Hammersley，1989：76）。

我们也许会质疑帕克将烟雾弥漫的滑稽剧场与图书馆相提并论。抽样时可能会选择其中之一或两者全部,但自然主义的初步观察是了解特定情境下事件和经验的核心,这一点非常重要。然而这种实用主义的朴素实在论必须被慎重对待,因为首先要考虑选择什么样的理论基础去"弄脏我们的裤子",这在帕克的主张中并没有表明。

这种缺乏理论引导的情况出现在了更近的报告中,扎根理论方法中的便利抽样策略表现尤其明显,这在有关扎根理论的案例中讨论过(见第一章)。摩尔斯(Morse,2007)认为,便利抽样中参与者之所以被选择只是因为他们随手可得。这种抽样方法应用于研究初始阶段,用来确定"整个过程的范围、要素和轨迹"(Morse,2007:235),换句话说,就是提供了一个概览。这一概览完成后,研究者接下来得到的建议是进行目标导向性抽样。跟罗伯特·帕克的观点一样,这种建议认为,如果你对某种经验大致感兴趣,就去有这种经验的人的地方找到这些人。正如摩尔斯(Morse,2007)接着建议的,如果你对人们如何以某种特定的方式使用运动设施感兴趣,就去体育馆;如果对人们的社交和饮酒习惯感兴趣,就去酒吧;如果对学生如何与老师互动感兴趣,就去教室;如果对有特定健康问题的人如何使用医疗服务感兴趣,就去有此类健康问题人群的互助小组;如果这样的地方并不存在,那就发布广告找到参与者。

摩尔斯所说的便利抽样跟巴顿和梅森所告诫研究人员使用的便利抽样(见第二、三章)有很大不同,前者是在指导下进行的,而非即兴安排。这个建议简洁明了,而且有着令人信服的逻辑支撑。然而对实在论者来说,它却有着重大局限。因为它假定,通过对自然情境下的广义现象的仔细审视,理论会自己浮现,将希望寄于焦点会顺着事件记录、类型化和假设验证的过程而进移,从而指导理论抽样。

运用实在论抽样策略进行立意工作的研究者,会花费大量时间思考他们研究所感兴趣的现象最有可能在哪里发生。但他们的方法与客观主义扎根理论方法不同,并不是便利的,而是依据大胆猜测的预设与观念,对抽样单位进行目标导向性选择。这些是影响抽样选择的内部作用力。

这种立意工作不排斥机会主义或实用主义抽样。研究者在田野工作时经常面临选择某个人、组织或物体作为样本的机会。这些选择是直接依据立意工作做出的;之所以会做出某个选择,是因为相信把这个单位加入到研究中后,将有机会修正和细化理论。机会主义抽样强调立意工作探究出观念与证据之间关联的方式,以及在研究过程中,研究者决定选择谁或什么来作为样本的创造性方法。

认识到先于抽样的立意工作的程度(精心谋划,或田野工作时对环境的机会主义反应),实在论抽样策略可能被指责只是验证或强加研究者自己的那套观念。就如引自格拉泽和斯特劳斯(Glaser and Strauss,1967)著作的本书的第一个案例所显示的那样,验证被很多质性研究者视为诅咒和报应。实际上验证论证效果非常微弱,而且如第一章所示,它根植于实证主义。如果质性研究的目的是解释和诠释,那么研究者将观念带入研究只为验证先期假设的见解将被进一步弱化。案例选择与这些策略强烈相关,它需要在带入研究的理论之间做出决断。这些诠释和解释行为正是我们即将要讨论的。

强诠释和解释

对于塞耶(Sayer,2000:17)来说,"意义只可被理解,而不能被测量或计数"。我们不能简单地用各种方法"读出"关于社会世界的真实意义。研究人员作为分析者,需在各种不同的观念之间做出判断。此类判断就是诠释,而且总具有诠释学的元素。就如伯思·达纳马克与其合作者(Berth Danermark et al.,1997)所认为的,这种诠释分析包括两个部分。首先,此类分析将研究者的偏见与预断、理论、参照框架和概念,与研究中收集的证据建立起联系。其次,分析部分和总体相互影响。社会现象的因果解释需要将所记录的事件和经验,与它们发生的情景相结合。鲍勃·卡特和卡洛琳·纽(Bob Carter and Caroline New,2004:3)认为,"我们渴望(从与社会实践相关的物质环境和文化意义中)去理解人们的选择,以及他们如此行动的理由"。实在论研究寻求具体的解释,对代表一个整体之不同方面的综合分析。这种诠释不可化约为,也不能等价于经验性描述。

这些观察对抽样来说具有双重含义。首先，如上文所讨论的，研究者总是会将偏见与预断、理论、参照框架和概念带入选择何人、何物或何事作为样本的决定中去。其次，如果我们要依据来自样本的事件和经验叙述做出诠释，那么我们所需要的远不止于对我们选为样本的单位（或对象）的描述。在某种意义上，我们需要能够理解描述这些对象的情境。对塞耶（Sayer, 1992: 116）而言，这种强诠释（或抽象）：

> 依据作为更广大结构一部分的构成结构及其因果作用力的分析对象。具体的研究着眼于当这些整合时会发生什么。

社会生活的情境是一个开放系统。实在论者喜欢以银行系统为例证。如果要向某个来自僻远孤立小岛的人解释清楚银行业，最终你得解释清楚整个资本主义制度才行。因果作用力因为这种开放性，若用于我们所从事的某项具体质性研究的解释、诠释和知识生成中，显然不太实用。在一个开放系统中做研究时，研究的生成机制与其他机制相互作用，我们就不得不简化所研究的经验现实。或者如达纳马克及其合作者（Danermark et al., 1997: 199）所解释的那样，研究必须"思考简化复杂的经验现实"。研究范围受到某种程度的限制，于是产生了具有自己的社会和制度规范、价值和相互关系的生态受限案例（Pawson and Tilley, 1997; Harvey, 2009）。

生态受限案例产生认同,它是关系和情境的一种表现。

与此同时,我们得谨记生态受限案例是某个更大整体的一部分,具有本体互联性。我们甚至可以去观察所有的生物和非生物,它们都是社会网络不可分割的部分。在开放的系统中做研究,正如上文所强调的,如果要从所研究的社会世界发现任何有用的东西,就必须对研究的情境和生成机制进行限制。

尽管如此,实在论调查研究拒绝对抽样单位做割裂的和个人主义的描述,偏爱和鼓励对部分和整体之间的关系进行解释和诠释。正如前面所论证的,研究的目标不是全盘整体描述。调查研究的范围往往是受限的,抽样也总是妥协的结果;我们必须限定调查的范围,从而确保调查具有可行性与可能性。但是爱玛·尤普里查德(Emma Uprichard,2013a:375)认为,这些描述尽管有着局限性,但"提供了研究所涉因果模型得以滋生和成长的土壤"。认识到抽样过程中所受的种种限制,我们在依据研究进行论断时就会受到影响。强诠释和解释寻求揭示所研究社会现象的因果作用力。这些诠释和解释行为受到研究中施加于它们的边界的限制。我们从研究中所得出的论断以及知识生产诉求,也受到类似的限制。

选择案例——预先设定和涌生

实在论借助反例、对立的事件和经验得以兴盛,因为对这些异常现象的解释可以融入理论。在研究中,抽样策略的目的在于构建一个系统,众多观念通过这一系统被研判、被验证、被修正,或者事实上被全盘抛弃。这里突出强调的并不是通过识别特殊典型案例,并从该案例推断出用于解释研究中涌生的一切事物的普遍理论,从而控制对现象的描述(见第三章)。在实在论抽样策略中,目标导向性选择明确且策略性地让案例相互之间,以及与更广阔的社会进程发生关联,并在此过程中引发理论构建行为。

案例搜寻工作持续进行,以发现那些信息量丰富,(并且如果可能的话)可以以某种方式进行策略性比较的案例。这里让我们回想一下巴顿的14+1种目标导向性抽样策略(见第二章讨论)。

但是,实在论抽样策略与巴顿目标导向性抽样的实用主义描述是不同的。决定在研究中运用这些创新性策略更多是出于理论性的、而非经验性的理由。比如,巴顿(Patton, 2002)说,为了理解某项计划是否有效惠及下层社会经济群体,他可以目标导向性地选择少数贫穷家庭。面对这一个选择,实在论抽样策略的做法则截然不同。首先将生成该计划打算如何惠及这些家庭的观念,继而由这些观念来指导抽样。实在论样本往往是基于理论的自助(bootstrapped)①样本。

---

①在统计学中,Bootstrap Sampling指有放回抽样,也称为自助抽样,是一种从原始数据集中重复随机选择样本的方法,每次选择后将选中的样本放回数据集中,然后再进行下一次选择。这种方法适用于小样本数据的分析,特别是在总体数据量较小或者总体分布未知的情况下。——编者注

构建样本

观念驱动抽样选择。这些观念"适用于(不是'反映'或'对应于')现实现象,而不是从感性资料或我们自己的建构中抽象出来的"(Maxwell,2012:22,引号为原文中强调)。在实在论质性研究中,案例选择依赖于这些薄弱的建构,即这些现实现象的指涉物而得以推进。

卡洛琳·奥利弗(Carolyn Oliver,2012)认为,后建构主义者对扎根理论的描述,与实在论抽样策略的关系更接近一些。她指出,建构主义扎根理论者(见第一章讨论)可能会以理论建构为出发点,而这并不是研究的参与者所关注的问题。卡麦兹(Charmaz,2006:10)认为,建构主义扎根理论方法所产生的理论演绎由"过去与现在的人、观点和研究实践的关联"构建。基于这些关联,扎根理论的这一方法产生了据称反映和对应于经验现实的抽象概念。

源于感性资料的无所不包的建构主义导致方法上的缺陷。卡麦兹(Charmaz,2006)自己也认识到,许多扎根理论研究是描述性的。她解决这个问题的方法是通过主轴编码时的理论抽样拓展描述性分析能力,聚焦于行为(或第一章所提及的过程)而非主题。实在论的解决方案并不是回到经验数据以期发现新理论,而是做诠释性工作,将观念与证据关联起来解释现实现象。

关于建构主义理论抽样的一个非常详尽的例子来自朱迪思·

维斯特及其合作者（Judith Wuest et al., 2002），他们研究了妇女健康与其生活中社会政策的相互影响。两个阶段的研究调查了脱离受虐家庭的单身母亲如何讲述她们家庭成员的健康提升状况。在这项研究中，他们描述了一个新现理论，称之为"侵扰"。这个理论上的抽象概念包含了配偶的持续性骚扰、虐待引发的健康后果，寻求帮助的成本，以及离开施暴配偶后生活状况的恶化。在第二阶段，研究者确定家庭侵扰经历在一定程度上所牵涉到的"结构域"（2002：803）。为了扩展这一类属的范围，他们对服务提供者和政策制定者进行理论抽样。他们如此描述这种理论抽样：

> 为了指导理论抽样，数据分析与数据收集同步进行，并突出四个要点。首先，……描述（加拿大）每一个省所提供的服务和政策体系。其次，我们从这些服务和政策体系中确认影响家庭健康状况提升的关键属性。……利用这些属性，就有可能在主题层面确定系统的优势和局限。最后一步，通过持续不断的比较，将每一域的属性理论性地融入（侵扰的）基本社会过程之中（Wuest et al., 2002：805）。

这是扎根理论中理论抽样的一个典型描述。通过持续不断的比较，从描述性主题推进至类属性质，以整合和阐释新现理论。同样值得注意的是，理论抽样与经验感性资料如何保持密切的关系。这种主轴编码中理论抽样的目的在于细化和充实新涌生的侵扰理论的建构。

但在论文接近尾声时,这种建构开始瓦解,显示出理论抽样的缺陷,即完全依赖于基于感性资料分析的强建构。他们注意到,尽管住房服务优先考虑离开伴侣的受虐妇女,但在申请住房时受虐妇女并没有被问及所遭受虐待的情况;进一步的观察发现,"(在公共住房服务中)有一个不成文的假设:受虐妇女会从庇护系统申请住房,而且(在住房条款中)这往往是获得优先待遇的必要条件,而非充分条件"(2002:806)。他们发现了一种真正具有因果效力的生成机制,而不是关于住房政策如何落实的建构性理论。

在论文开头部分,维斯特及其合作者(Wuest et al.,2002:801)声称,他们已经:

> 发展了一个(关于健康和妇女健康的社会决定因素的)理论,这个理论有利于妇女理解自己的境遇,而且通过指明干预点,也有助于公共服务提供者,但它缺乏真正有助于影响健康和社会政策所需的细节。

在研究中,他们从这个中层理论推进到了相当具体的生成机制。

在整篇论文中,作者们都在担心他们是否遵循了扎根理论的方法准则。他们最后的结论是,他们不得不在方法上冒险,而且可能已经相当远地偏离了格拉泽和斯特劳斯的方法。

其实这种担心本不必产生,只要能认识到,实证主义和建构主义扎根理论方法的理论抽样与实在论抽样之间的差异,将理论视作与证据相关的存在,而非经验资料的新产物。

　　在一份实在论研究报告中,理论(如对离开配偶之受虐妇女的住房分配方法的生成机制)具有本体真实性。实在论抽样策略中的诠释和解释可以验证和改进理论。抽样选择旨在寻找有关生成机制起作用或不起作用的例子,试图能够对其因果作用力产生一点解释。正如马修·迈尔斯和迈克尔·休伯曼(Matthew Miles and Michael Huberman,1994)所认为的那样,抽样既是预先设定的,又是临时涌生的,其推进动力源自所研究问题的已知信息与通过经验资料激发催化的观念的交互作用。

实在论抽样策略的反身性

　　对于研究中选择什么样的样本,研究者在做出选择决定时持有自己的立场。抽样的作用力与倾向性有三个来源。首先,是由研究者带入研究并框定样本的诸多观点、预设和理论的集合。其次,是具体研究所在的、作为外部作用力的机构和社会情境。蒂姆·梅和贝丝·佩里(Tim May and Beth Perry,2011:5)断言,它们对"研究本身的过程、结果和诠释"具有潜在的影响。我们的研究总是受到我们所在的科学共同体的影响与严格审查。最后,是持续不断地从证据以及研究者之构成解释和诠释行为的推测、预设和主张中获得洞察。在这些观念与研究中所获得的事件和经验之间存在一个反馈回路。据此,样本会被重新构造、重新概念化。

在整个研究过程中,这些作用力和倾向性在框定、构造和改进样本中发生作用。塞耶(Sayer,2000)认为,对于研究中的样本,研究者总是有着这样或那样的立场。因此我们需要有反身性,凭借它力图掌握样本的显著特征,以得到一份实际适切的研究报告。在实在论抽样的反身性实践中,我们所面对的一个挑战就是:对于我们带入研究的理论,我们当然无法通晓其一切内容。我们也永远无法充分地解释我们进行抽样选择时所做的所有预设。对于情境(包括学术生活的政治和社会文化情境)的理解,永远不可能是全面的;无论我们如何仔细描述,皆是如此。在梅森(Mason,2007)看来,太多的断言是反历史的,给研究者能够成功且广泛地实现反身性的想法压上了千钧重担。

这就要认识到,研究者对所选择的案例,进而对案例产生的关键科学环境的描述,都是有偏向和易出错的。贯穿本章的重点是抽样的弱建构、知识的易错性,以及对真实现象的持续诠释和解释。不仅如此,只有认识到反身性在研究过程中是明确存在的,才有可能将抽样理解为带入研究的特定描述的产物。这些在某种程度上揭示了研究者在研究中的权力和责任,研究所处的及样本产生的制度环境,以及样本可以在何种程度上阐明我们感兴趣的社会过程。

吉莉安·罗斯(Gillian Rose,1997:306)认为,调动这些反身性参与,旨在避免"众多学术知识中的虚假中立性和普适性"。抽样策略应该定位知识,从而有可能得出某些理论性的论断。抽样选择、影响抽样选择的理论、调动抽样选择以验证和改进理论的方法，以及情境的边界，对研究中所有可能得出的论断都有着长远的影响。

无论我们自诩分析能力有多强，要全面描述研究中的反身性实践，比如我们如何与权力对话、对抗或顺从权力，理解情境是什么，以及参与者与研究者如何在研究中共事，都是艰巨的任务。断言研究人员可以捕捉到这种反身性，并在研究中将其透明化，这种观点未免太自以为是。我们根本不应该以为，我们既可以完全了解在研究内、外身为社会研究者和社会行动者的自己，也可以完全了解我们研究所处的情境。

这些对于反身性的思考强化了这样的认识：抽样不是程序性的。这些过程不能预先设定，也不遵循既定规则。它们事关研究者所做的判断，强调的是研究工作的不确定性和复杂性。通过发生在研究中的有关抽样的理论工作，我们可能会接受、否定，更可能的是改进理论。科学实在论抽样策略所倡导的这种对理论的筛选、扬弃，以及随后的改进，不能用数据与证据性叙述的关联规则加以描述。抽样中的反身性实践只能靠以知识生成为目的的实践指导方针来导引。

不同于分析归纳策略，我们的样本并不寻求以某种方式代表总体。它关注的是揭示机制，改进解释社会过程的理论。这一工作要在理论所界定的特定的、制度的、空间的、时间的和社会的边界之内进行。回到格拉泽和斯特劳斯（Glaser and Strauss, 1967）提出的预期理论解释,这种解释是中层理论。正如雷蒙德·布东(Raymond Boudon,1991)所指出的,这些理论在其他学科确实就称作"理论"。这是一组"将一系列假设组织起来,并与分离的观察相关联"的陈述(Raymond Boudon,1991:520)。我们的理论,如果能解释、整合关于研究对象及其研究方法的原本分离的经验规律,那么就是有效的,尽管仍是暂时性的。下一章将利用这些观察成果来理解它们在质性研究抽样工作中的意涵。讨论的重点是实在论抽样中的立意工作,我们可以将这一工作描述为"走出沼泽"。

第五章　实在论抽样策略之立意工作

　　本章关注实在论抽样策略的立意工作,我们带入研究的预设,以及研究中对外部作用力和倾向性的反身性解释,如何引导和重塑这项工作。在研究的早期阶段,当研究计划只是新笔记本第一页草草记下的想法时,我们其实已经完成了大量的智识工作。我们通过教育、生活经验,以及与社会世界、与所参与的学术共同体和研究网络的互动,获得对世界的理论认识,并以此判断是否值得做某项特定的研究。内部生成机制将被引入,影响我们选择谁或什么作为样本。此外,我们还将尽可能设法揭示影响研究并进而影响抽样选择的情势作用力与倾向性。这些早期参与研究问题的智识和反身性过程,通常被描述为"范围界定"[①]。我认为,对这些过程的更为恰当

[①]范围界定是一项研究,旨在识别人们所做的,但在当前理解中还不确定的事情。如在建筑试验方面,范围界定被用于对试验的地理范围、目标和方法进行初步界定和探索,逐步确定需要进一步关注的主体区域和关键变量。——译者注

的比喻是走出沼泽。走出沼泽的工作是每个质性研究者都要付出的努力,但必须指出,很少有人在研究报告中对这个过程做出很多解释,也许觉得对这项工作的叙述有悖于扎根理论研究方法。然而,只要它是被诚实地报告的,就具有显著的意义。

走出沼泽

在任何一项研究的初始阶段,我们都会花费大量时间以走出沼泽。特蕾莎·格林哈尔(Trisha Greenhalgh,2008)认为,这项工作特别不可预测,特别令人沮丧和特别耗费时间。我们不知道自己正在着手的研究问题的广度和深度。

你可以想象一下,与正在准备毕业学位论文的本科生第一次会面,而她带着一个"我想研究⋯⋯"的想法来见你。她形成这个想法是基于课程中激发她想象力的一个话题、她自己的生活经验,甚至是她在新闻里读到的东西促使她认为这是一个重要的社会问题,需要更好地去理解。她关于研究什么的想法受她自己所学学科的影响。对安德鲁·阿尔伯特(Andrew Abbott,2001:130)而言,"学科提供梦想,以及现实和学习的模式,它们创造出对参与者来说似乎唯一真实的知识模式"。组成现代大学的许多学科必定会通过它们的教学领域,使局部的知识合法化。但是,学科不是象牙塔内的目光短浅的产物。研究及其构思与实施所在的学科,"涉及新的治理、规制和社会想象形式"(Savage,2010:68)。学科知识的片面性及其与现实世界问题的相互作用,体现在内外部作用力与倾向性或生成机制。这些决定了研究的可能性。它们在社会和制度规范、价值观和相互关系中组织了一个意义系统,这一系统决定着我们选择的研究课题的类型。

然而,生成机制并不仅仅体现于学科边界和边缘地带。我们在论文指导中将首先鼓励学生考虑资源问题。我们会提醒她,论文受到时间和字数的限制。从表面上讲,我们鼓励她思考,在研究项目中她如何受到各种特定方式的约束,以便于处理这些问题。我们还指出了影响拟议研究的生成机制。此外,即使是在论文指导的早期阶段,我们也无疑会鼓励我们的学生仔细考虑谁是她论文的读者。我们要求她反思研究得以实施的各种情势关系,以及她能够从研究中提出什么主张。

这些问题不仅是实际的问题,而且提醒我们,所有研究都是由我们服务的研究机构以特定的方式构建的,这可能体现在大学中的导师和审查者、资助机构、政府或委托我们研究的客户身上。所有这些通过定义一个特定的情境、我们可能问的关于社会世界的问题、可以做的研究类型,我们设想的与之分享研究的受众,以及他们认为可信的研究,影响着研究的可能性。这些方面的考量影响了研究设计。对任何一项研究来说,资源问题、伦理考量和机构需求之间存在着强关系。我们认为这些对于样本选择的影响,表现在对何人或何事,以及何时我们可以运用抽样策略。

在我们的学生可以决定(对她来说已经决定)她将选择谁或什

么作为样本之前,她必须能够向自己解释选择这一特定样本的原因。她必须做出大胆的理论推测,以形成她的立意抽样策略。为此,我们作为导师,可以建议她将自己的想法集中于一个特定的方向。但是,在学术自由胜于硬性的教学规定时,这些将是温和的提醒,但我们所要传达的强烈信息始终是相同的:要有创造性和细心,搜索书目数据库,去图书馆,以及将目光从布满灰尘的书架上移开,看看社会进程正发生其间的世界。听听早间新闻中政客们是怎么谈论的,读一读报纸上记者是如何报道的,看看微博,并与了解的人聊一聊。简而言之,寻找事件和经验的表达方式,及其解释方式。跟这些解释捆绑在一起的是生成机制,它是关于一个过程在什么情况下、为谁、何时以及为什么起作用的真实想法。我们会要求学生思考,谁或者什么将提供最有效的检验和改进理论的机会。

在研究的最早期阶段,我们的想法只不过是后来的研究日记中的几个涂鸦而已,即使如此,研究设计也是由理论指引的。我们既不鼓励学生进入研究现场,也不鼓励只对研究问题有一般性的社会学理解就展开研究。这并不意味着我们怀揣不可变更的、有待验证的理论进入研究,也不意味着我们在理论上是麻木不仁的。事实上,情况恰恰相反。对研究问题的反身性介入,意味着我们致力于描述事件和经验,并根据我们提出的将特定规则及成果置于特定情境之中的解释来识别生成机制。这些都是理论建构,但是最薄弱的那种,因为它们会有实际的后果和结果。它们为研究中将要进行的解释提供了框架。此外,它们是研究中影响早期抽样策略的观念。对这些观念的回顾与检讨将贯穿整个研究过程。我们基于这种独具挑战性的工作而选择的样本,是我们的研究所要探究的观念的载体。

其他研究人员所做的研究,必然是我们和学生的研究灵感来源之一。这些研究提供了对特定问题概念化方式的洞察:框定研究的观念;在特定的时间和地点影响研究的情势作用力;以及通过这些考量在研究中选择的样本,作为该研究所得论断的载体。为了走出沼泽,爬上高地,从更好的视野了解我们将如何进行研究和选择案例,我们需要探询影响我们所审视的研究的概念框架、理论前提和外部作用力;走出沼泽需要解释和理论建构的过程,依赖于对以往研究的描述、诠释和解释。

林德夫妇为什么选择米德尔敦研究中的样本:诠释和理论建构

如上一节所示,走出沼泽需要理论洞察、诠释和反身性。能说明这种情况的一个例子是罗伯特·S.林德和海伦·梅里尔·林德的米德尔敦(即"中镇")研究(Robert S. Lynd and Helen Merrell Lynd, 1929, 1937),该研究有效地阐释了形成样本的内外部作用力之本质。该研究作为案例研究的价值得以提升,是因为其他研究者在追随林德夫妇之后,直接比照了他们初次研究中选择样本的假设。

林德夫妇及其合作研究者之所以选择米德尔敦(印第安纳州曼西市),是因为他们声称它拥有当时众多美国城市的许多共同特征。研究时期(1890年和1924年)正值这个美国中部城市的动态发展阶段,在此期间:

> 这短短的35年涵盖了数百个美国社区的工业革命,工业革命已席卷村庄和乡镇,使它们脱胎换骨转变为诸如扶轮社、中央贸易委员会和商会等机构,以竞争成为"更大和更好的"城市(1929:6)。

林德夫妇试图在他们的样本中获取19世纪末和20世纪初的典型美国城市的发展情况。为此,研究者需要将他们所认为的当时典型的美国城市理论化。林德夫妇和他们的合作研究者选择城市中的特定单元进行抽样,同时忽略居住在那儿的其他群体。在林德夫妇对米德尔敦的初次研究的方法说明中,他们指出米德尔敦是一个种族单一的地方。一小部分"黑人和外国出生的人口"(1929:8)被勉强接受在该镇居住,但他们将这些潜在的样本放在了一边,并指出这项研究是关于文化而非种族的。关于种族的研究留待他人去做。尤兰达·T.摩西(Yolanda T. Moses)在很久之后辩称,"最初的米德尔敦研究是20世纪社会科学文献中有色人种缺失的隐喻"(2004:ix)。而且根据卢克·埃里克·拉斯特(Luke Eric Lassiter, 2004)的研究,虽然在1924—1925年曼西市的黑人居民比例确实很小,但他们的社区与芝加哥、纽约和底特律这些城市的社区相比,正在以更快的速度发展,并且在人口中占的比例也更大。林德夫妇似乎希望忽略米德尔敦的另一面,因为该研究的重点是制度(劳工阶层和商业阶层的美国家庭的生活方式和习俗,包括谋生、安家、抚养子女、休闲、宗教和社区生活等),这些在20世纪20年代早期,并不被认为是非洲裔美国人的习惯、生活环境或惯习。

在林德夫妇的米德尔敦研究中,典型事物是由他们试图从理论上构架该研究的方式来定义和过滤的。有趣的是,这种情况也可以反过来看。理论上充分的就是典型的。典型的20世纪20年代美国城市没有黑人和外国出生的人口,或者说,当时的评论家和社会观察家广泛持有这种观点。H.L.门肯(H. L. Mencken)在1929年《美国信使》(American Mercury)杂志评论米德尔敦研究时指出(引自Igo,2007:84),林德夫妇"寻找的不是最典型的城市,而只是一个尽可能全是美国人的城市"。美国主义是这样一种观念,它排斥黑人和外国出生的人。林德夫妇在曼西市完成田野工作的同一年,《约翰逊-里德法案》(Johnson-Reed Act)正式生效,该法案排斥来自亚洲、东亚、南欧和东欧的移民。萨拉·伊戈(Sarah Igo,2007)记录了在"三K党"①盛行、科学优生学和种族民族主义加剧,以及城市化的时代,她所描述的美国人种——西欧裔白人之间的不安。这并不意味着林德夫妇研究设计的出发点是种族主义的,可能是

---

①三K党是Ku Klux Klan的中文简称,Ku Klux两个词来源于希腊文KuKloo,意为集会。Klan是种族。因三个词首字母都是K,故称三K党。这是美国奉行白人至上和歧视有色族裔主义运动的党派,也是美国最悠久、最庞大的种族主义组织。——译者注

也可能不是,并且不可能从他们所呈现的内容中弄清楚这一点。他们只是忽略了曼西市的黑人和外国人社区。这项研究揭示了样本是它所属的时代的样本,样本反映了表现于特定时刻的作用力与倾向性。正如伊戈(Igo,2007:85)在米德尔敦研究中看到的:

> 本土白人研究对象是美国的化身,而黑人和移民只能代表他们自己。因此,公众对社会科学的迷信与明显不科学的有关代表性的见解无缝共存。

如果我们将时钟拨快到2004年,正如赫尔利·古道尔和伊丽莎白·坎贝尔(Hurley Goodall and Elizabeth Campbell,2004)所示,《米德尔敦的另一面:探索曼西市的非洲裔美国人社区》(*The other side of Middletown: Exploring Muncie's African American Community*)一书是在一个截然不同的历史时代进行的研究。曼西市的非洲裔美国人社区不能再被忽略了。其他力量形构了研究的可能性;民权运动和听取非洲裔美国人的诉求盛行一时。林德夫妇的研究中忽略曼西市黑人社区的问题将得到解决,首先通过一位前工会领袖赫尔利·古道尔的行动主义,他与波尔州立大学一位教授合作,撰写了一部曼西市的非洲裔美国人历史(Lassiter,2012)。在这种合作的基础上,社会活动家、教师和学生继续使用创新的方法和抽样策略来研究米德尔敦的另一面。

研究可能涉及的作用力与倾向性塑造了样本的可能性。1979

年,波尔州立大学的两位教授——C. 沃伦·范德·希尔(C. Warren Vander Hill)和德怀特·W.胡佛(Dwight W. Hoover)对曼西市的犹太居民做了 19 次访谈(Rottenberg, 1997)。在《变迁中的米德尔敦》(*Middletown in Transition*, Lynd and Merrell Lynd, 1937)一书中,林德夫妇记录了曼西市的一小群犹太人和一所犹太教堂,但他们只是"米德尔敦的一个非常不起眼的因素"(1937:313)。德怀特·W.胡佛在罗滕博格著作(Rottenberg, 1997)的导言中认为,林德夫妇未能研究米德尔敦的犹太人不足为奇,原因有三:首先,资助米德尔敦研究的社会和宗教研究所要求对整个社区的宗教活动进行调查,其首要目标是联合全国所有的新教教堂,这样就直接将某些群体排除在样本之外。其次,如上文所述,这项研究的设计基于一个概念,即1920年左右的美国人种构成——单一的西欧裔白人。最后,胡佛指出了罗伯特·林德的理论取向,即重现代性进程而轻宗教。通过对大型制造业的了解,可以最好地树立美国社会的模板。制造业的劳资双方是调查的重点,这就将雇用许多犹太人的小型零售企业排除在外。林德夫妇研究中的样本不是经验观察的原始纯真的产物。跟所有其他研究一样,它不断受到形成样本的情势作用力与倾向性的影响。样本反映了资助者、研究者,以及更广泛社会阶层对20世纪20年代末的美国社会的印象。

林德夫妇(Lynd and Merrell Lynd, 1929:507)假设了一个单一的美国人种,并在样本辨识中提到:

选择这些家庭的必要条件是,他们是土生土长的美国白人,住在城市范围内,父母都健在并生活在一起,有一个或多个年龄在6至18岁的孩子(1929:507)。

抽样的程序强化了抽样对象的种属单一理论。例如,林德夫妇所认定的两个美国人种样本中最具代表性的工人阶级群体,是从该镇三个主要制造业工厂的工资单中抽取的。

从20世纪20年代至今对米德尔敦的研究表明,样本选择一直受到生成机制的引导。林德夫妇对曼西市的研究,说明了这些内外部作用力与倾向性是如何在样本选择中发挥作用的。研究人员可以从事的研究方向,经常受到资助和开展研究的机构的引导和约束。研究根植于它们的时代和地域。所选样本的特性,通过这些生成机制表现出来。这些生成机制以特定和实用的方式应用于研究中,并在研究设计中体现出来,引导研究人员以检验和改进理论为目的,选择谁或什么作为样本。对过去研究的诠释推动观念产生的过程,这些观念是我们研究中要检验和完善的真正的生成机制。任何研究都要面对的一个挑战是:如何制定一个连贯的策略,将生成机制与研究方法和程序联系在一起,并通过它对所提出的有关社会世界的问题有所教益。我认为,从一定程度上讲,这种理论化过程源于过去的经验性研究报告,它们为理论建构奠定了历史基础。但是,理论不会从过去的研究中凭空掉落,而是来自我们作为研究人员和研究团队所进行的理论建构工作。

理论构建抽样选择

在科学实在论抽样策略中,理论总是先于资料收集,或者正如迈克尔·布洛维(Michael Buroway,2009:13)所主张的那样,"没有理论,我们是盲目的——我们无法看见世界"。这些理论引导立意工作的策略,因为尽管理论是被建构出来的,但从其自身存在和解释现实的意义上说,它们又是真实的。观念至少暂时是稳定的和起作用的。

正如布洛维继续观察到的,研究中的抽样选择可能来自广泛的理论立场,不同的理论具有不同的经验焦点。正如在上一章讨论实在论抽样策略的基础时所指出的,在整个研究过程中,我们将对彼此抵触的理论、模型和概念做出理性的,但也容易出错的判断,以框定样本。我们将通过我们带入研究的、以待检验和改进的理论之镜,聚焦构建抽样策略。这些建构将理论与研究中的抽样选择联结在一起,就其本身而论是弱建构,但仍可以用古布里姆和荷尔斯泰因(Gubrium and Holstein,1987)的强建构主义很好地加以说明。他们的强建构主义展示了如何以两种截然不同的方式,构建家庭中看似惯常的现象。

广泛借鉴古布里姆和荷尔斯泰因(Gubrium and Holstein,1987)所使用的令人回味的语言,家庭可以被理论化为"心灵的最后港湾",它是"感性的、忠诚的、保护的和私人的"。家庭可以被设想为具有"内部和外部",具备"调节和安排自己的内心生活和应对外部世界的特定方式"。援引自伊丽莎白·博特(Elizabeth Bott)的开创性研究(我将在第七章再论及),家庭生活发生在"家里"和"紧闭的大门后",这是研究家庭中频繁私人活动的"自然和本原"的场景。一个颇为不同的家庭理论对此制度的定位可能"远远超出了家户的界限",认为"家庭隐私是公众议题的重要组成部分"。家庭不是"独立和离散的家庭秩序的场所",而是"家庭成员和非成员呈现、分享和争论社会秩序的假定场所"。这里展现了两种截然不同的对家庭现实的建构,一种聚焦于私人领域,另一种将家庭视为公众议题的重要组成部分。那么,运用这两种理论进行家庭调查时,样本会有何不同?表5.1对比了来源于上述两种理论立场的样本。

表5.1中呈现的家庭理论展示了对两个截然不同的家庭建构的洞察。家庭,或任何类似研究对象,都是通过此类描述性实践来构想的。古布里姆和荷尔斯泰因(Gubrium and Holstein, 1987:783)所主张的这些实践,强调他们的强建构主义立场,"引发了种种的技术和理论问题"。

然而,对于实在论研究者来说,我们在研究中产生的建构是薄弱的。不是由经验性的描述导出理论,而是理论启发了抽样的程序和策略。表5.1所示的任何一种或全部两种对家庭的描述,都可以提供很好的理论解释,以影响研究中的抽样策略,这个议题我将在下一章讨论目标导向案例选择时再论及。在所提出的研究问题的情境内,家庭可以被理论化并理解为私人的或公众的,或两者兼而有之。抽样的目的是找到最适合验证理论预设的单位。

表5.1 私人和公众家庭抽样——此类建构对抽样策略的影响

研究问题	私人家庭	公众家庭
地点	那些居住在一所房子四面墙壁内的人	家庭及其地理位置内照看家庭的个人和组织(例如亲戚、社工、医生)
家庭代表	家庭成员个人或集体,家庭户普查数据*	家庭,在公共领域代表家庭的人(例如社工、缓刑监督官、教师),法律文件
赋予意义	家庭成员个人或集体,人工制品(例如家庭照片,可由一个或数个家庭成员筹办)	家庭和有权调解家庭关系的专业人士(例如警察、法官),判决文件

*此类数据在这一汇总级别上不可用,但一个或数个家庭成员构成了私人家庭的代表。

　　这些建构最值得称道的是,它们提高了人们对研究重点的意识。它们是有关真实现象和社会过程的概念。它们是抽象的概念,既不来自经验性观察,也不源于我们自己的构想。在我们正在研究的问题的情境中,它们具有理论意义。这些观念可以通过解释所有这些事物得出:从一条140个字符的推特(微博)到(稍长和更复杂的)大理论家的著作,以及介于两者之间的任何东西。

　　在我们能走出沼泽之前,我们面临着一项进阶任务。我们必须将这些观念带入并与我们想要研究的微观经验世界互动。为此,我们需要一种向自己和他人描述样本的方法。我现在关注的就是描述样本。

变量"开膛破肚"

选择什么人或什么事物作为样本,总是从特定的实例(或单位)开始的。这些实例通常使用变量来表征和描述。对一些质性研究者而言,变量是一个令人厌恶的术语(见第一章)。但更常见的是,巴顿(Patton,2002)使用标准(包括变量)来识别信息丰富的案例,梅森(Mason,2002)建议在研究早期使用变量来决定对谁或什么进行策略性抽样,他们运用变量的方式表明,研究者对变量的使用是审慎的和解释性的,而且他们始终注意其不完善之处。迈克·萨维奇(Mike Savage,2010)认为,采取这种谨慎态度的原因是变量简化了它们声称代表的社会世界。我们使用一个变量描述某一事物,就有可能以相同的方式用该变量对所有实例或单位进行分类,而它们之间可能存在显著的差异。同样,大卫·拜恩(David Byrne,2002,2012)认为,变量测量的是构成现实的系统的痕迹。

尽管有这些限制,变量和类属的语言仍用于量化研究和质性研究中。事实上,它们在研究中被广泛使用,甚至用于描述日常社会生活。在研究中,它们对每个案例都有一个取值,并且总体中案例的取值是不同的。将社会现象转化为变量,可以生成系统的、全面的代码,并可以在一个编码系统中加以描述。以这种方式使用变量时,它们具有特定的社会意义。

例如,年龄可以被视为一个变量。在一次抽样调查或普查中,我们可能会问:"你年满多少岁了?"但是,这个问题只是展现表面上可观察或可展现的东西,却无法批判性地涉及年龄在社会过程中的意义,例如生命周期中某个时点的影响、某个世代的成员身份,或年龄与社会阶层之间的关系。

像年龄这样的变量永远无法捕捉到社会过程背后的、私密的和内在变动的复杂含义。或者,如赫伯特·布鲁默(Herbert Blumer,1956:685,引号为原文中强调)在他对变量的经典批判中所主张的,变量"关系是一种单一的关系,必定剥离了在'此时此地'情境中维系它的复杂事物"。对质性研究者而言,变量既不能充分表达布鲁默的"此时此地的情境"的概念,也不能体现"隐含于内容之下的情境"(Pawson,1989:72)。

然而,变量承载着理论,正如凯茜·马什(Cathi Marsh,1982:59)所强调的:

> 在(调查)研究过程中做出的所有有关编码和分组的小决定都应该(a)被记录下来,并且(b)得到一些理论原理的支持。

对实在论研究者来说,问题是变量的理论化在多大程度上契合现实。例如,请思考下面这个案例。英国国家统计局(The UK Office for National Statistics)使用一篮子日常购买的家庭用品估算通货膨胀率(Gooding,2011)。2011年,即烹即食的块肉替代了"猪肘子,反映了相当一段时间以来人们对预制食品越来越青睐"(Gooding,2011)。手机下载被手机应用程序取代,平板电视按尺寸大小被细分为三种款型,反映了不同的价格和家庭的购买选择。正如约翰·兰彻斯特(John Lanchester,2012)所评述的那样,解读这些表格就像在阅读一本关于21世纪英国家庭生活习惯的小说。通读多年以来这些经过仔细思考而选择的变量,我们确实可以推测英国购物者不断变化的购物习惯和他们所购买的物品。但是作为物品,它们是离散的、孤立的,这就限制了对过程的描述。它们是关键概念,通过直接的、直观的和经验推导的理论加以阐明。布鲁默(Blumer,1956:684)认为,它们被"构建以适应一个正在研究的特定问题",并且"依据其内容进行定位"。在这个案例中,它们帮助分析生成通货膨胀指数,但无法超越这个具体和局部的问题,扩展为对过程的解释。

同样的道理,通过变量语言描述样本,忽略了塑造该样本的不同作用力与倾向性在具体时间和情境的描述。在描述研究中的抽样选择时,一个主要关注点是导出因果关系的过程方法,其目的是打开假设的黑箱,以检验研究中的样本是谁或是什么。对于波森(Pawson,1989:71)而言,这个黑箱"从字面上看,完全是路径图的心理虚构",它将自变量与因变量联系起来,其中的因果关系只被看作将事物与事物联系起来的规则。用大卫·休谟(David Hume)的原话来说,因果关系是"由灵魂感知,而不是身体从外部感知的……一种分离和团结的秘密原因"(Hume,1949[1817]:77)。正如约翰·斯图亚特·穆勒(John Stuart Mill,2005[1886]:253)所提出的,揭开这些秘密可以通过实验归纳法,特别是应用"求同法"(Method of Agreement)"将发生某现象的案例放在一起进行比较",以及应用"求异法"(Method of Difference)"将发生某现象的案例与未发生该现象,但其他方面类似的案例放在一起进行比较"。这些19世纪的方法哲学家描述了实验设计的规范,将变量以不可分割的形态,置于对物理和社会世界解释的中心。

对许多研究者来说,无论是从事量化研究(Byrne,2002,2012;Deutsch,2011)还是质性研究,这种实验模型都行不通。特别是在对研究和抽样的实在论描述中,大卫·休谟的秘密原因可以被真实的因果生成机制所取代。正如波森和蒂利(Pawson and Tilley,1997:33,斜体及引号为原文中强调)所断言,"事件之间存在真实的联系,我们将之理解为因果联系"。对于实在论质性(乃至量化)研究者而言,所面临的挑战既不是从字面上接受变量语言,也不是假定它们在关联中所包含的因果关系除了实证调查之外是看不见的。实在论者认识到,因果作用力与倾向性是可以被描述的,如果研究中样本所涉及的作用力与倾向性得到更好的理解,它们将被重新描述。

如上一章所讨论的,在通常情况下,对样本做初始描述时会使用变量。例如,一个样本可以被描述为由具有这种特征的8个人、具有那种特征的另外8个人,以及诸如此类的其他人组成。除此描述外,理论工作已经说明了样本为什么被选择。此外,随着研究的进展,这些描述性变量将被"开膛破肚"(不是人,我得赶紧补充)。

"开膛破肚"(spatchcocking)一词是我从史蒂文·佛兰奇和詹姆斯·莱德曼(Steven French and James Ladyman,2003)的论文中借鉴来的,是指将家禽(通常是鸡)沿其胸骨向下剪开,然后打开以显露胸腔和腹腔的细节。在研究中,我们将以类似的方式拆分这些东西——这些用于描述我们样本的变量,通过理论化和实证调查,被打开和显露它们的结构肌理,以备细察和诠释。在此过程中,我们将能更好地描述、诠释,并最终说明样本。

从经验选择到实在论抽样策略

虽然认识到变量在描述样本时存在局限性,但这些单一的描述在研究早期影响了对谁或什么进行抽样的决定。一些单位被抽中,但仅有经验和实际的描述。这些单位可能是具有特定属性的人、群体、地点、组织、文档、人工制品、网页或图像等。虽然如上一节所述,这是描述样本的起点,但即使在这个初始阶段,对所选样本的描述和诠释也超出了这些变量本身,还包括潜在的机制,作为观念和预设的理论,这些引导我们决定在研究中纳入哪些特定的单位。

这种选择样本的方法,看起来类似于斯特劳斯和科宾(Strauss and Corbin,1990)所描述的在开放编码中的目标导向性抽样(见第一章)。他们之所以选择CAT扫描仪,是因为其体积庞大、价格昂贵和定位高端。斯特劳斯和科宾通过归纳式求异法和求同法做出了选择。他们的目的是为研究中理论的涌现做准备,这个理论能够解释他们所看到的(一台昂贵的大型仪器)与病人护理的方式,以及医务人员通过与这台扫描仪的交互以完成工作的方式之间的因果关系。

在实在论抽样策略中,做出抽样选择的理由是不同的。它是立意性的,做出这样的选择是因为研究人员有一个想法、一个有待验证的理论,或一个假设的因果生成机制。该机制假定员工在使用这种大型的、信誉卓著的设备时,会以某种特定的方式工作。这些理论推动了抽样策略的发展。

代表性

观念和证据之间的关系不断影响实在论抽样策略中的案例选择,其目的在于检验、改进和评判观念。正如第四章所讨论的那样,由于社会系统的开放性,这些观念总是暂时性的。由此,实在论抽样策略与分析归纳法抽样存在显著差异,正如巴斯卡尔(Bhaskar, 2008)指出的,分析归纳法抽样依赖于关键案例的封闭系统,因为只有当一个系统可以关闭时,才能断言特定的案例对所处的整体具有代表性。

吉安皮埃罗·戈博(Giampietro Gobo, 2006)对意大利呼叫中心的研究,可以作为如何实现这种关闭的一个例子。他希望了解客户关系管理实践。他估计,在他研究开展时有1020个呼叫中心,分为三个组织群体:私人或市场导向的;公共的,如医疗调度中心;非营利的。戈博指出,如果他采用统计方法进行抽样,他就要从这三个群体中选择呼叫中心,那么组织形式将是抽样的重点。但他的兴趣不在于组织形式,而在于呼叫中心运营商和这些组织内的客户之间的关系。他探求的重点和抽样的对象是这些关系,而不是呼叫中心的组织形式。戈博进而将这种认识作为他抽样策略的核心。他开始着手了解呼叫中心运营商和客户之间所发生的关系的类型。

戈博强调他如何进行文献回顾、专家咨询和民族志研究,确定了四种不同类型的关系实践:咨询、营销、访谈和广告。考虑到资源的可得性,他决定详细研究其中一种关系实践,即咨询。他开始识别新客户,发现咨询实践有相当大的变异性。他的这一工作确定了研究的经验轮廓。这些是他抽样策略的重点,直接关系到研究的理论目标及其经验轮廓。对于戈博(Gobo,2006)而言,他们开始了解具有代表性的(样本的特征),同时优先考虑将关系而不是个人作为质性研究的重点。戈博的分析归纳法将他从智识工作和具体的经验观察导向对研究中关键案例的求索,并从这些求索导向对这些案例所代表的意义的考量。

真实系统的痕迹

实在论抽样策略中的立意工作不寻求识别典型案例,而是要辨认真实系统的痕迹。观念以及对事件和经验的描述(通常以变量的形式呈现)汇集在指导抽样的立意工作中。这些真实系统的痕迹可能存在于抽样框中,例如抽样调查、普查报告或选举名册。在选择案例时,研究者将经验证据与自己的观念联系起来。

在上一章中,我讨论了萨维奇及其合作者(Savage et al., 2005)在研究中产阶级消费模式、生活方式和地方归属感时,运用理论反身性决定对谁进行抽样。如前所述,他们的理论观念引导他们得出结论,英国曼彻斯特市是他们想要研究的全球化进程的特定范例。他们在研究中选择的4个案例是该城市对比鲜明的4个区域。这种选择强调了经验证据与观念相关联的方式。

选择查尔顿(Chorlton)这个案例,是因为它是一个拥有"新潮的咖啡馆、酒吧、餐馆和专卖店"的"城市绅士化区域",毗邻市中心,还因其地理位置而具有鲜明的特征。它拥有"具有波希米亚风格的与众不同的购物中心"。它的房价表明,它是专业人士的居住地,他们已经取代了本来居住此地的城市工人阶级群体。

研究人员预计,该城市及其郊区可以划分为很多区域,生活在各区域内具有不同经济和(或)社会资本组合的居民形成了独特的地方环境。对明确界定的中产阶级群体的多样性和特殊性的研究,地点可能是调查的焦点,他们通过选择抽样策略强调了对这种方法的信心。他们一经选择了进行研究的四个区域,就使用选民登记册作为抽样框。他们从中选择了特定的街道,每隔两户敲门,交替对每个受访家庭的男性或女性成员进行访谈。

熟悉潜在的研究地点和曼彻斯特市的基本情况，必定在研究者的选择中起到重要作用。在研究进行时，三位研究者都在曼彻斯特及其周边的大学工作。作为大学讲师，他们也是中产阶级，因此对最终样本的某些特征会有充分的了解。(我将在第七章讨论在研究中选择跟自己相像的人的影响。)这种反身性介入的某些部分将被计划和表达，其他部分将是直观的。尽管如此，正如我在这里和上一章中所示，萨维奇及其合作者(Savage et al., 2005)通过经验性观察、量化数据的二次分析和理论将描述与诠释相结合，以选择他们的样本和抽样策略。

一项孟买贫民窟的实在论立意抽样策略

在任何一项研究中，我们都必须去熟悉自己本来不熟悉的东西。在走出沼泽的过程中所显露的样本新涌现的特性，是研究中诠释策略的一部分，研究通过它得以发生。实在论抽样策略将观念及对事件与经验的描述一起带入指导抽样的立意工作。

试举一例——我在印度孟买贫民窟中研究健康感知和对医疗服务提供者的评价时，所面临的一个问题(Emmel, 1998)。我最初访问的贫民窟，不管是我自己选择的，还是通过我门卫的熟人选择的，都让我感到困惑。根据印度人口普查(the Census of India)数据，这里的居住人口超过18000人，挤在一个面积还没有专业足球场大的狭小区域内，两侧被繁忙的主干道夹着，而其余两边是一片片低矮的公寓楼和荒地。棚屋沿着蜿蜒的、时而陡峭的小巷一间间挤在一起。当我从附近的一栋高楼上俯瞰贫民窟时,它整体上在我看来都是一样的,精心构造的黏土瓦屋顶与简陋的柏油布屋顶的棚屋混杂在一起,形成了一派不可思议的混乱景象。没有任何东西可用来辨别贫民窟的不同区域。然而,通过与社区活动家和社区卫生工作者的交谈,我了解到该贫民窟建于不同的时间,由不同的群体组成。

引导我开始理解贫民窟的是理论。诸多发展理论声称,随着时间的推移,低收入国家城市贫困人口的生活会逐步改善。特别是流行病学的转变理论(Bobadilla et al.,1993)认为,与腹泻、疟疾和麻疹等传染病相关的疾病和死亡,正在转向与诸如糖尿病、心脏病和中风等慢性非传染性疾病相关联。这种转变可以通过改善城市环境来解释,例如改善住房,提供更好的供水和卫生等服务,以及获得与宏观发展力量相关的更多的家庭财富和医疗服务。这种流行病学的转变理论指导我进行最初的抽样尝试。我提出一个理论,即如果选择了正确的指标,就应该看到贫民窟内的状况随着时间的推移而得到改善和发展。为此,我咨询了多名专家——8名在贫民窟中生活和工作的社区卫生工作者。我注意到布鲁默的论述:

几乎所有质性项目都可以创造性地赋予量化维度。通常可以构建某种测量方法或指数,形成用于评判的评级方案(Blumer,1956:683)。

　　我和社区卫生工作者一起制定了三个量表。第一个量表测量邻里的财富,使用的各种指标从棚屋的建造方式到用于烹饪的平底锅的类型。第二个量表的指标测量建筑环境的质量,计算可用服务的数量——例如水、厕所、合法和非法的电力供应、电话线路等——以及它们与棚屋的距离。第三个量表的指标是对邻里清洁程度的评估,包括该区域的排水状况、路面铺砌的比例、垃圾是否收集,以及地方当局是否定期消杀蚊虫等。将这些测量指标正式定为等级量表后,我遍访这个贫民窟的各个地区,确认了贫民窟居民所认为的邻里区域,绘制地图,并描述其人口特征。我还询问了每个地区的历史。我总共发现了33个邻里区域,并使用我们所设计的多个不同的发展量表来测量它们的发展状况。我将这些变量整合为一个测量发展状况的综合指标,并对每个邻里区域的存在年限绘制散点图。图5.1显示了该成果。

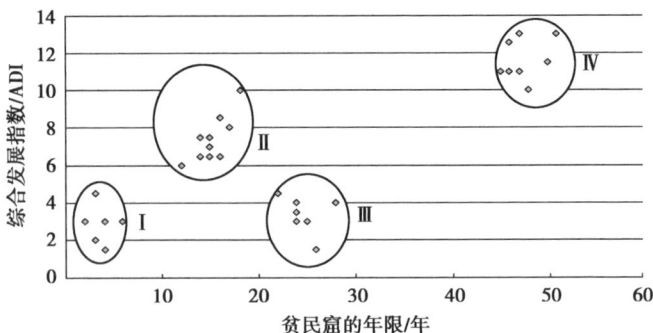

图5.1　贫民窟邻里区域的年限对综合发展指数的散点图

如图 5.1 所示,该贫民窟的邻里区域聚集成四个集群。初建的、欠发达的贫民窟和老旧的、发展成熟的贫民窟与指导该工作的发展理论相吻合。但是,在 15~25 年限之内的贫民窟邻里区域好像经历了截然不同的发展轨迹。

我暂时分析其中一个指标来解释下一步工作。每个邻里区域都可以被描述为研究中的一个案例。用于理解案例的属性描述了每个案例中的发展现实的痕迹。下面以烹饪用锅为例。经验丰富的社区卫生工作者解释说,贫困家庭会有一个单薄的、磨损的且背面满是黑垢的铝锅。而在天平的另一端,相对富裕的家庭会展示多个闪闪发光的黄铜锅具。介于两者之间的是不同数量和种类的平底锅的等级,所有这些都是家庭贫困或相对富裕的指标。对于卫生工作者来说,这些平底锅描述了非常真实的社会过程,通过它们可以对家庭的财产及处置状况做出敏锐的判断。或者换一种说法,对平底锅的类型和数量的测量并没有被转换成一个具有独立因果解释力的变量,而是描述了社会系统的蛛丝马迹,如果你有专业知识来解读这些属性的话。

如果我将变量视为具有因果关系的自变量(贫民窟的年限)和因变量(综合发展指数),那么下一步我就要决定抽取样本,可以将图 5.1 中所有的 33 个点联结起来,最可能使用的方法是对数线性回归。我可以参照拟合线选择一个样本。不过事实上我并没有这样做。我的样本是由图 5.1 所示的每个集群中各选取一个贫民窟组成。我是在视觉上而不是在数学上做这样的聚类分析。这种方法假定我正在研究一个涌生因果属性的复杂社会系统,其中有不止一种方式能显示发展成果。我接着研究了发展轨迹的性质,以及这些轨迹中的因果关系。

当我着手招募居住在这四个邻里区域的妇女时,我更加了解我的样本,通过她们的健康经历,对获取卫生服务事件的描述,以及她们使用这些服务的理由,我将继续与她们一起透视贫民窟的发展过程。在研究的初始阶段,我能够描述每个邻里区域相对于其他区域的发展关系。这是通过将特定的理论有针对性地应用于研究问题来实现的;这些观念先于包含抽样选择和策略在内的方法和技术。

立意工作为理论的修订、阐述和重建研究计划设定了场景。走出沼泽,这个质性研究中特别重要但很少被报告的立意工作,为我们目标导向地选择信息丰富的案例,并在研究中进行战略性比较奠定了坚实的基础。我在下一章中关注的正是这些案例的选择问题。

第六章　目标导向选择案例

在实在论抽样策略中,案例是潜在的、无限开放的社会系统中的有限的单元。它们使情势性社会过程理论化;检验、改进和阐述关于什么对谁有效,在什么情况下以及为什么起作用的观念。质性研究中的案例,通常表现为实证研究中涌生或发现的强建构,目的在于描述在特定环境中正在发生什么。本章首先关注这些案例研究,及其建构如何引致自然主义、逻辑性或全息性概化的特定尝试。接下来将考虑对个别案例和某些关键类型案例进行深入且详尽的探究的分析归纳策略,目的是确定案例的属性。在这种归纳策略中,案例的闭合对于产生理论命题至关重要。案例化是研究中挑战和重置公认因果过程的实在论方法策略。它被用来推导出观念和证据之间的关系。案例化在整个研究过程中都对案例进行目标导向性的处理和加工。诠释和解释总是暂时的。本章讨论案例化,尤其是在研究早期阶段的案例化,并介绍了三个实例。

建构的案例研究:"这里正在发生什么?"

强建构的案例将特定的研究对象集合到一个独特的经验体系中。据罗伯特·斯塔克(Robert Stake,2008:121)所说,案例或案例研究"既是探究这个案例的过程,又是探究的结果"。这表明研究中经验资料的积累,使研究者可以在设想发生特定行动或功能的情境下对之进行描述。斯塔克认为,这种情境描述可以包括历史背景,自然环境,经济、政治和法律过程等研究者和被访者认为会影响行动和功能的因素。

以这种方式产生的案例是经验性洞察的附属产物和构建过程。它的目的是产生一个描述性单位,通常以相当详尽的方式回答这个问题:这里发生了什么? 正如斯塔克(Stake,2008)所强调的,使用这种案例研究的目的并不在于理论建构。源自对案例内在研究的知识,转而可以帮助研究人员进行自然主义的概化。伊冯娜·林肯和埃贡·古巴(Yvonna Lincoln and Egon Guba,1985:120)如此描述这种概化:

如果你想让人们更好地理解信息,就要以他们通常经历的形式提供这些信息。他们将能够既心领神会,又有理有据地衍生出自然主义概化,而这种概化是他们理解力的有益扩展。

在林肯和古巴看来,案例研究所唤起的默会知识非常重要。它丰富、全面、逼真地呈现了受访者和研究者的共同建构,为读者提供了身临其境的替代性体验。此外,用克利福德·格尔茨(Clifford Geertz,1973)的术语来说,通过对已调查内容以及所收集案例的情境的"深描"(thick description),读者既可探索案例的内部一致性,又可对案例的可迁移性做出判断。读者可以将正在阅读的案例与他们所知道的情况进行评估和比较,正如在第二章讨论第二个案例时巴顿(Patton,2002)所提出的,在目标导向性抽样策略中使用逻辑概化。

林肯和古巴(Lincoln and Guba,2007)对经验性洞察的详细阐述更进一步,走向自然主义概化。他们借用了全息图的隐喻。全息图从三个维度再现对象,其外观因观看者的视角而异。在某些情况下,观察者可以环绕观察对象四处走动,从前、后和侧面观察它。对林肯和古巴而言,这个隐喻唤起了获得全部信息的可能性,如果我们知道如何获得这些信息的话。透视滤镜可以昭示不完美的对象。林肯和古巴认为,这些都是全息图本身所固有的。忠实记录的自然性数据同时包含滤镜和不完美的对象。研究者的任务是,从他们面前的全息图的经验数据中得出这些见解。这假定我们的研究任务是从自然生成的数据中仔细建构现实,然后用社会科学术语重新描述和重新呈现。在讨论样本及其与自然主义全息

概化的关系时,他们强调了这样的观点:

> 样本无须具有通常统计意义上的代表性,以使概化成为可能;从某种意义上说,任何部分或组件都是一个"完美"的样本,它包含了人们可能希望获取的关于总体的所有信息(Lincoln and Guba,2007:43,引号为原文中强调)。

虽然质性样本不具有统计学意义上的代表性,但完美存在于全息图,这一想法才是这种样本观的关键。然而,对于实在论者来说,在这种情况下对理论的忽视限制了全息隐喻的效用。对正在发生的案例的充分描述,对累积证据之共构案例的忠实呈现,无论如何一丝不苟,都受限于从全息图中发现、涌生或建构理论的假设。

所有质性研究者都致力于生成具有深度、厚度和丰富性特征的描述性报告。充分阐述的案例虽然忠实记录了经验性观察,并激发了对"这里正在发生什么"的详细描述,但也只是案例化策略的一部分。这是来自抽样单位的证据。如上一章所讨论的,选择实在论案例是出于一个完全不同的理由——为了检验和改进理论。案例是可变的,通过证据和观念之间不断地相互作用而进行加工和再加工。继续借用林肯和古巴的隐喻,全息图是通过知情判断,而不是图像的某些内在属性来理解的。

从典型案例到实在论案例化:"这是关于什么的案例?"

罗伯特·殷(Robert Yin)对分析归纳性案例研究的描述,使我们能更好地理解实在论案例。对殷而言(Yin,2009:38,引号为原文中强调):

> 案例不是"抽样单位",不应该按此标准选择。当实验研究者选择一个新实验主题时,将选择相当个体化的案例进行研究。

就像自然科学家会设计一个实验来进一步洞察其感兴趣的现象一样,每个案例之所以被选择,是因为它可以对理论建构和知识做出重要贡献。殷认为,某一案例之所以被选择,可能出于三方面的原因。首先,该案例可能是关键的,它可以证实、挑战或扩展理论。其次,研究人员可能选择某一案例,因为它是独一无二的,并且提供了记录和分析某个一次性事件或过程的机会。最后,该案例可能具有代表性或典型性;它捕捉到了日常或普通情况下的环境和条件,并提供关于一般经验的丰富信息。

这让我们想起梅森(Mason,2002)描述的理论或立意抽样策略(见第三章)。智识工作和经验轮廓是相互关联的,抽样通过选择案例进行分析和归纳,以验证理论命题,阐明竞争性解释,并产生描述性框架。在案例选择及其后续分析中,与案例有关的情境条件也有着千丝万缕的联系。但殷(Yin,2009)主张的实验认识论比理论或立意抽样策略所提出的要更进一步。他建议以大致相同的方式从每个案例中收集类似的数据资料。应该制定一套规则来指引田野调查,这方面确实与梅森(Mason,2002)所倡导的采用抽样框并从中获取一定份额的决策相呼应。殷认为,案例应该通过复制逻辑来选择。选择多个案例是因为研究者预测会出现类似的结果(字面复制),或者会出现"迥异的结果,但有可预期的原因(*理论复制*)"(Yin,2009:54,斜体及引号为原文中强调)。这种分析归纳是由跨案例的交叉比较驱动的,在这种情况下,一个丰富的理论框架阐明了可能或不可能发现特定现象的条件;案例选择继而遵循此框架展开。

这让人再次想起梅森(Mason,2002)对理论或立意抽样策略的描述,正如殷(Yin,2009)所强调的,这种复制方法必须与调查研究的抽样逻辑区分开来。其目的并不在于从整个总体或全集中抽取一个子集。案例研究方法不允许就特定现象的普遍性或频率做出判断。相反,其目的在于详细研究特定主题以检验理论。这就需要在丰富的理论框架内开展深入研究,意味着研究者在不断问这个问题:"这是关于什么的案例?"在第三章和第五章所示的分析归纳策略中,这个问题最终可以在研究项目中得到解答,因为案例的边界是封闭的。定义了总体,就可以确立案例的代表性。

案例化

　　然而对实在论者来说,社会系统仍然是开放的。值得注意的
是,在构思《什么是案例?　探索社会研究的基础》(*What is a case?
Exploring the foundations of social enquiry*, Ragin and Becker, 1992)
一书的研讨会上,霍华德·贝克尔(Howard Becker)希望"这是关于
什么的案例?"这个问题一直保持开放,永不完全回答。贝克尔认
为,研究人员对此问题的回答越不确定,所做的研究可能就越好。
研究中的案例应该随着研究的进展反复评估,结果总是尝试性
的,这是研究所收集的经验性资料与推动研究向前发展的理论之
间的反身性作用。正如查尔斯·拉金(Charles Ragin, 1992a:6)所
主张的,"透彻理解观念之于证据的关系,就可以回答(这个)问
题"。目标导向地选择案例,既不是研究开始时的一次性选择,也
不能在整个研究过程中一成不变。对于拉金来说,案例分类、数
据类属、理论类别、历史上特定的或实质的类别,凡此等等,都要
让位于使用案例作为研究策略的方法,他称之为案例化(casing)。
研究人员在研究过程中有选择性地调用和重复调用案例化方法,
以"解决在联结观念和证据时遇到的难题"(Ragin, 1992b:217)。
　　实在论方法并不对理论采取不可知论立场。在案例之间传递
的是理论(或再简单一点说,观念),而不是数据点。案例在研究过
程中被选择、组合和重组,目的是检验和改进理论。

案例化策略中的变换

实在论目标导向性抽样策略建立了一个信息丰富的案例系统,通过该系统可以评判各种观念。这些都是诠释和解释的策略。顺着拉金的思路,案例化在研究中是一种促成系统建构的实用的方法论策略。在研究早期阶段,立意工作影响案例选择,并在此过程中形成引导研究的大胆猜想或预设。正如上一章所讨论的,这些理论以特定的方式受到内外部作用力和倾向性的制约。在反身性和诠释性的立意工作中,构建了理论雏形,详细阐述了命题,尽管如此,这些都是粗线条的。这些解释了我们试图在研究中阐述、检验和提炼的东西。在此系统构建过程中有意选择的单位,被选择并转换为案例。

图6.1概括了实在论抽样的基本要素。选择何人或何物作为样本(规则),通过对情境(C)、机制(M)和结果(O)的解释而有目的地推进。我们在做选择时,会在对样本的临时描述中以某种方式具体说明部分或全部要素:

> 这个单位之所以被选择,是因为它处于这个特定的环境(情境),汇集了这种经验(规则),可以引导我们看到这种社会过程的表达方式(结果),并推断是这些作用力(机制)在此构造生成过程中发挥着作用。

　　这种说法是科学实在论者所熟悉的,并总结了一个"生成性分层现实模型"(Pawson and Tilley,1997:72)。如图6.1所示,它概括了目标导向性选择样本单位的选项和能力。立意工作如图中两个蛋形框的左侧部分所示。在研究的初始阶段,即使通过立意工作带来了丰富的洞见,关于选择谁或什么作为样本所依据的观念依然是简单、抽象和不完整的(Ragin,1992b),甚至是幼稚的(Lakatos,1976)。这些对研究中案例的解释为目标导向性抽样提供了一个概念性的支架,为我们样本选择的合理性提供支持,而这是基于白板理论的抽样策略永远无法做到的。而且不用多久,这些观念将直接与研究中的经验证据相结合,以检验观念,说明情境,并完善解释、原因和结果。我们所选择的案例到研究结束时将有所不同。它们将如图6.1所示,从直线上 T_1 至 T_2 发生变换。约翰·沃尔顿(John Walton,1992:127)认为,"新案例在挑战或重新设定公认的因果过程时,具有战略意义"。

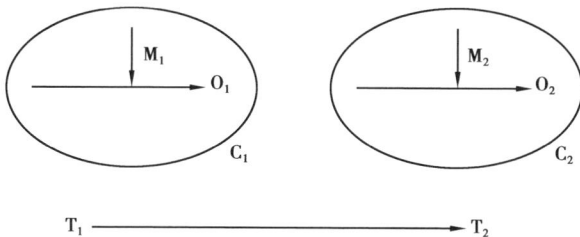

图6.1　**实在论抽样的变换机制**(依据Pawson and Tilley,1997:73)

在下一章中,我将论证随着研究的进展,样本会通过案例化策略发生变换。如图6.1所示,其中$\{C_1, M_1, O_1\}$变换为$\{C_2, M_2, O_2\}$。本章的剩余部分将关注图6.1第一个蛋形框中的$\{C_1, M_1, O_1\}$。在早期田野工作中,源自立意工作的抽象和不完整的见解会影响目标导向性选择。在下一节,我将重返孟买的贫民窟,探讨这些目标导向性选择是如何做出的。

应用立意工作:孟买贫民窟样本的目标导向性选择

上一章讨论了处于走出沼泽阶段的立意工作,怎样初步了解孟买的一个贫民窟。如前所述,我通过这项工作目标导向地选择了四个贫民窟邻里区域,因为我认为这些区域以特定的方式呈现

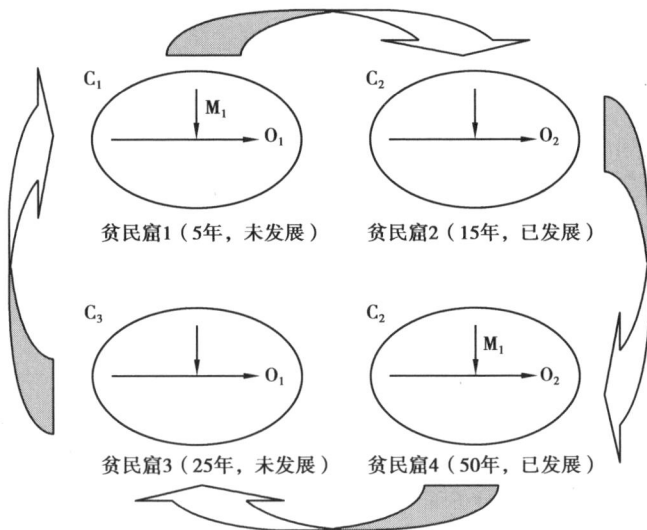

图6.2　解释孟买贫民窟邻里区域目标导向性选择的理论

了实在论解释的基本要素——情境、机制和结果。这些要素的构造组合如图6.2所示。

如图6.2所示,目标导向性选择了三种不同的情境。如上文所述,定义情境是在研究对象周围设置生态边界。这些边界既不是物理上的,也不是仅仅从数据资料的某种涌生属性派生的,而是通过观念与经验证据的相互作用,在概念上划定的。

在这个例子中,情境的早期定义源于对贫民窟的调查。情境可以由地理位置定义。作为调查的一部分,居民绘制了参与式地图(参见 Emmel,1998),划定了邻里区域的边界。从理论上说,这些地理边界没有什么价值,但它们在绘制贫民窟整体地图时却是很有用的,因为它们提供了一份描述性的拼缀式地图,可以对邻里区域进行三角定位(用制图员的话说)。C_1、C_2和C_3所代表的观念是综合种族、宗教和种姓的描述。正如在实在论抽样的所有目标导向性策略中,经验和事件被带入并与观念交织在一起。其中一些观念由参与者谈及,其间会顺便提及更广泛的社会力量。比如在孟买贫民窟,邻里区域的名字很重要,它有可能在都市政治经济中体现政治、种族、宗教和种姓的归属。而研究人员的责任就是获取这些经验性观察,并将它们与观念发生交互作用;提出机制并做出选择,以检验和完善这些作用力和倾向性。局内人观点和局外人理解被一起调动起来,以找出构成现实系统的痕迹。

图6.2上O_1和O_2所表示的结果,也结合了概念和经验性描述。这里O_1指代的是欠发展的结果,O_2指代的是相对发展的结果。如

上一章所述,它们解释了通过立意工作理解的现实的痕迹。像贫民窟的年代一样,它们被剥离了赋予它们意义的社会过程。研究工作将细化这些浅层表述,对它们进行细致入微的深描,并解释导致每个邻里区域发展历程的因果性作用力和倾向性。

如图6.2所示,在研究的这个早期阶段,只识别出一种生成机制(M_1)。回顾第五章的相关讨论,该机制是一种(有点像决定性)理论,即人们应该看到贫民窟的发展水平随着其存在年岁的增长而逐步提高。这源自流行病学的转变理论。从理论上说,这种机制对样本中最年轻和最老旧的贫民窟是有效的,而其他一些因果力似乎在贫民窟3和4中发挥了作用。这项研究的任务就是描述、阐述和解释这些因果关系。

在这个例子中,四个案例分别由不同的情境、机制和结果组合构造而成。每一个都是联结观念和证据的尝试性实在论解释。这些描述只是弱建构,因此我们不应受限于将证据和观念区分为情境、机制和结果。试图弄清楚这种弱建构的某部分是情境、机制还是结果,是徒劳无功的。与其如此,不如将这些工夫用于研究中案例的强解释性叙述,以确保证据和观念得到充分的呈现。这些案例中的每一个进展都将直接支持或否定理论。这些案例目标导向地将一系列观念和证据配置组合在一个系统中,而构建这个系统是为了比较、并置、评估和解释这些观念。

洞察掘金：目标导向地选择案例

　　如孟买贫民窟研究案例所示，目标导向性案例选择所依据的洞察通常远远不够坚实，只是在组合任何可获得的东西，并创造性地加以利用，以达到最佳效果。在其他情况下，研究人员可用的资源似乎更加精细成熟，便于他们获取重要洞察，以做出目标导向性选择。

　　例如，简·艾略特及其合作者（Jane Elliott et al.，2010）进行目标导向性抽样选择所依据的立意工作，依赖于英国全国儿童发展研究（UK National Child Development Study，NCDS），这是一项大规模的纵贯调查，始于1958年的英国出生队列研究。最初，该研究是作为一项涉及17000名儿童的单波围产期死亡率研究而获得资助的。而后续资金支持当受访者在7岁、11岁、16岁、23岁、33岁、42岁和46岁时，进行跟踪调查。

　　这些异常丰富的纵向量化数据资源，让艾略特及其合作者可以分析调查样本的社会流动性。经他们的理论化，社会流动性可以理解为受访者在社会等级体系中上升、下降或保持平稳的方式。他们的方法是根据职业将队列成员分为三个社会经济群体——公务人员阶层、中间阶层和工薪阶层。艾略特及其合作者使用被访者父亲的职业（从被访者16岁时收集的数据中提取，如果该信息缺失，就从11岁时收集的数据中提取），以及被访者本人46岁时的职业(若缺失就用42岁时的)数据,对每个队列成员的社会经济轨迹进行分类。队列成员被分为四组:1)保持稳定的公务人员阶层;2)向上流动为公务人员阶层;3)从公务人员阶层向下流动;4)保持稳定的其他阶层(中间阶层和工薪阶层)。通过这些分析,作者们已经确定了表征队列的轨迹变或不变的特定规律。埋藏于这些轨迹之下的过程仍然不可知,但它们提供了一个理论框架,通过这个框架可以目标导向地抽取样本和选择案例。

正如艾略特及其合作者继续展示的,这种源自量化数据的早期分析可以更为详尽。他们还描述了使用区域人口统计数据对样本进行分层的方式。所有在50岁时接受访谈的9790名NCDS队列成员都提供了邮政编码信息。研究人员根据这些数据,可以按英国的三大地区划分这个队列,还可以通过另一个更加客观精细的鉴别方法——马赛克分类法(Mosaic classification)来划分,运用400多个变量,从社会人口特征、生活方式、文化和行为等方面描绘了英国家庭的丰富画面。他们使用2006年版的马赛克分类法进行分析,将队列成员分为从"成功标志"到"生活在乡村隔离区"的11个组。基于这些资料,他们选择了238个[①]队列成员进行质性访谈。最终样本的特征汇总见表6.1。

---

① 上文提及该研究计划选择238人进行访谈,表中的"总计"为178人,应为最终实际完成访谈的人数。最终完成访谈的人数少于计划人数,在实证研究中是常见现象。后文"接触与我们相似的人"小节中也提到了该研究的实际访谈人数,但那里的数字与178不能完全对应。推测作者在两处采用的是不同的统计标准,我们这里做保留原文处理。——译者注

表6.1 从NCDS 50岁队列成员中抽取的质性访谈对象汇总表

（按社会流动性与马赛克特征划分，参考 Elliott et al., 2010:26）

	稳定在 公务人员阶层	向上 流动	向下 流动	稳定在 其他阶层	总计
1. 成功标志	12	14	4	7	37
2. 幸福家庭	2	12	8	6	28
3. 郊区舒适	6	11	2	12	31
4. 社区纽带	3	8	3	9	23
5. 都市白领	1	3	3	2	9
6. 福利边缘	0	0	2	3	5
7. 市政依赖	0	1	1	3	5
8. 蓝领工人	0	6	4	6	16
9. 低养老金	0	1	1	1	3
10. 前景黯淡	3	3	0	6	12
11. 乡村隔离	1	2	0	6	9
访谈总数	28	61	28	61	178

从艾略特及其合作者（Elliott et al., 2010）角度来看表6.1，行标题和列标题为智识工作和经验轮廓提供了标签，通过这些标签可对队列进行分层，并确定一个理论上的目标样本。他们承认"目标样本"这一术语很少用于质性研究，但认为这个术语非常有用。它将样本瞄准那些可能是响应群组成员的人。

从实在论抽样策略角度来看，列标题是对研究情境的早期描述，而行标题则如前所述，是对社会轨迹的不同规律的感知，从而构成了研究的早期案例。因此，比如说我们可以认为那些被归入"成功标志"且"稳定在公务人员阶层"（他们的职业与父辈相似）

的队列成员，属于该国10%最富有的家庭。益博睿的研究报告（Experian, 2006）通常不无打趣地称他们为"鲁珀特和费莉西蒂"（Rupert and Felicity）[①]。

这家拥有这些数据的私营公司所得出的分类方法，很遗憾被轻信了。那个操控400个左右变量的算法没有公布，尽管如此，这一方法可以解释研究中选择案例的理由，也可以诠释观念和证据之间的关系。

简·艾略特（Jane Elliott, 1999: 101-102）在其他地方强调了将这些案例与质性研究联系起来的原因，她指出：

> 重要的是不要忽视为模型提供鲜活数据的个体。虽然是变量而非个体可能成为统计学家的描述的对象，但恰恰是个体而非变量具有行动和反思社会的能力。

运用目标样本进行的质性研究旨在了解"不同的个人如何概念化社会参与，以及对他们有意义的各种活动"（Elliott et al., 2010: 9）。他们的问题是关于过程和比较的：

> 为什么有些人一直坚持参与其中？为什么有些人不再参与？为什么有些人开始参与？（2010: 8-9）

[①]"Rupert"常用于老派精英阶层男性的名字，"Felicity"则是中上层阶级女性的常用名。这两个名字是英国社会文化中常见的、具有典型阶级象征的命名范例，"Rupert and Felicity"通常用来描述那些来自上层社会或富裕阶层、生活优渥的人群。——译者注

这些是质性研究的基本问题。对这些研究问题,在目标导向性选择案例之前所开展的立意工作几乎不能提供什么洞察。我们不了解不同个体思考有意义的社会参与经验的方式,也不了解他们以自己参与其中或置身事外的方式所描述的社会事件。这些连同生成机制,以及在特定情境下引发社会参与及其结果之特定规律的作用力和倾向性,将随着质性研究的进展被探索、诠释和解释,并将被纳入整个研究案例化过程的案例处理和改进工作中。尽管如此,在早期研究中,这项复杂的立意工作运用大规模定量纵贯数据库和更为模糊的地理人口统计资料,提供了对情境和规律的洞察,并基于此选出了目标导向性样本。

目标导向性样本框架工具与案例变换

正如艾略特及其合作者上述工作所例示的,利用定量数据为目标导向性样本选择设定框架,在质性研究中非常普遍(参见第三章 Finch and Mason[1990],第五章 Savage and Colleagues[2005])。在另一个例子中,罗伯特·麦肯齐及其合作者(Robert Mackenzie et al.,2006)在探究威尔士5个钢铁厂冗余裁减钢铁工人的经历的研究中,利用了由工人工会培训部门——"钢铁伙伴培训"(Steel Partnership Training)所运维的数据库。该数据库收录了2001—2003年间所有冗余裁减钢铁工人的相关信息。研究者们以厂址、年龄和工种作为分层变量,随机抽取125名工人组成样本。在每一个案例中,先于目标导向性抽样选择的立意工作的理论化程度非常有限。情境、机制和结果的描述方式是受限的,并且从样本的这些描述中所派生的任何诠释都是描述性的和抽象的。这些变量被剥离了维系它们的关系、情境和作用力。

尽管如此,在利用对变量的有限洞察选择最初案例的同时,这些案例还是例证了在研究中克服样本描述之局限性的方法。

麦肯齐及其合作者(Mackenzie et al., 2006)将理论观点与他们样本的经验特征相结合,对组成样本的个体进行更全面、更具解释性的描述。所采用的策略从对样本的肤浅描述转向更复杂的解释,这是理论工作和经验证据的综合。

加德纳及其合作者(Gardiner et al., 2009:132)从由125名冗余裁减钢铁工人组成的大样本中抽取了一个子样本。他们写道:

> 对(125份访谈)记录的初步阅读,揭示了个体对裁员反应的差异性,并让我们找出了那些积极追求新的专业型职业的个体。选择18名提供最详细报告的"职业转变者"(16名男性和2名女性),对其访谈记录做进一步分析……使用(一个)框架,识别出一系列职业转变经验。

对加德纳及其合作者而言,差异性是从经验证据中"揭示"出来的。特定的事件和经验可以"被识别"出。然而,不同于量化研究对抽样的描述,这些质性洞察更加丰富、微妙和"精细"。这些工人因此而被选中,但是,跟这里所讨论的其他案例一样,这些研究人员在立意工作中将证据与理论相交互,以产生一个"框架"。

这是一种诠释框架。他们的框架有四个维度——关系情境、文化情境、生平经历和能动时间维度,每个维度可以进一步细分为各种主题。该框架的四大维度既根植于对威尔士冗余钢铁工人相关事件和经验的描述,也根植于研究人员的智识工作。加德纳及其合作者(Gardiner et al.,2009:731)指出,穆斯塔法·艾弥拜尔和安·米歇(Mustafa and Emirbayer and Ann Mische,1998)的开创性论文对他们的洞察力和理解力有非常重要的影响,该论文探讨了"人的能动形式如何与行动的赋能和约束情境交互作用"。理论总是先于经验性工作。

这种分析、抽样和观念的模糊性是任何实在论研究的常见特征。加德纳及其合作者的研究强调了这种模糊性。样本是通过广泛的理论分析筛选出来的,这些分析在选择样本之前就已经开展了。18名钢铁工人的(子)样本从125名工人的较大样本中抽取,对前者特征的描述要细致得多。这些研究者在研究的初始阶段就能相当详细地描述他们的样本。正如我在下一章所要展示的,与许多实在论研究一样,他们能够产生一个概念上的连续统(continuum),并在其中为18名钢铁工人每人分配一个位置。他们的连续统描述了经验的两极和一个中间点:

2名工人是"积极的职业规划者"——在裁员发生之前规划他们的职业策略,利用和受限于工厂雇主和工会所提供的服务。

10名工人是"触发式职业转变者"——因裁员而被迫考虑新的职业,一心一意追求这个新职业,通常得益于技能、家庭支持和工会。

6名工人是"在职业生涯的十字路口"——在出乎意料的裁员之后,不确定是否要投入时间和金钱继续接受另一个职业的培训,尤其不确定的是,由于对家庭和创收的承诺,他们是否选择了正确的道路。

在这个连续统中,样本通过联结证据与观念的诠释和解释而得到充分的阐述。但是,这里还调用了案例化策略。研究对象不再是18名钢铁工人,而是3种案例:积极的职业规划者(杰夫和德里克),触发式职业转变者(以罗伯特和特里为代表)以及在职业生涯十字路口的人(以格雷厄姆和麦克为代表)。加德纳及其合作者(Gardiner et al.,2009:733)指出,这些"案例说明了不同的子群体,(以便)更好地理解在裁员以后的经历中,结构、文化、个人经验和能动形式之间的相互作用"。

加德纳及其合作者(Gardiner et al.,2009)的工作始于2001—2003年间5个威尔士钢铁厂的所有冗余裁减钢铁工人所组成的抽样框,从中随机选取125名工人(Mackenzie et al.,2006)。对这些人的裁员经历有了相当深入的洞察后,又从中选取18名工人做进一步研究。这18名工人又再次细分为三种案例,以更好地阐释研究中观念和证据之间的关系。

结论

描述样本的方式随着研究进展而变化。这种变化有两种截然不同但又相互关联的方式。首先,如本章的案例所示,详细描述样本,带入研究者的观念并与证据交互作用,从而生成对案例更为细致复杂的诠释。其次,通过联结观念和证据,案例化将目标导向地配置和重置、融合和拆分样本,以更好地解析这些关系。

案例化和抽样的目的是检验和完善理论。这种策略的优势在于,它在研究过程中发生,是研究工作的反身性过程所固有的。不存在命中注定或预先设定的过程,而是研究者的观念与从现实生活中记录的事件和经验(从活生生的人到尘封的文件)的必要结合,从立意工作到目标导向性选择,推动了诠释和解释的进展。我将在实在论抽样策略的第三部分(第七章)讨论的,正是这种推动力。

第七章　诠释和解释

　　抽样选择在整个研究中留下了或长或短的投影。每种选择，无论是从立意工作中产生的想法和猜想（以待通过研究进行检验和完善），还是为解决这些智识难题而目标导向选择的案例，都将影响到我们研究中接下来的抽样选择。这些短小的投影可能会影响另一个选择、对另一个不同情景的解释，以及理论的改进（以待新配置或重新配置案例后进行检验）。样本的较长的投影可投射到我们从研究中得出的论断。本章将讨论，影响抽样规则的作用力和倾向性如何在特定情境下导致特定的结果。例如，接触特定个人或群体的可能性、性质和类型能提供宝贵的洞察，对创新招募策略的研究也是如此，包括敲门探访、滚雪球法，以及有关样本和知情同意的伦理约束。在研究中，对这些实际考虑的反身性参与强调了不断扩展的描述性基线、代表性样本的不可能性，以及案例化影响研究中解释和诠释的方式。

接触和诠释

接触那些研究者要在研究中抽样的对象,通常被认为是一个实际问题。这一问题需要运用某种方法或策略建立足够的信任和融洽关系,以便成功应用研究工具,收集数据并实现研究目标。换个角度考虑,对抽样的实在论描述将抽样单位(或研究对象)被获取的整个过程纳入其解释之中。正如第四章所回顾的那样,研究本身与正在调查的现象一样,都是一个社会客体。对这些接触过程的反身性参与,提供了对研究者和研究对象之间关系的理论洞察,包括对社会和制度规范、价值观和相互关系的洞悉,这些工作使接触研究单位成为可能。与我们希望研究的对象接触,无论成功与否,都可以深入了解影响潜在参与者认为值得或不值得参与研究的关系。对这些过程的反思,使我们能够理解他们做出判断的原因。像所有作用力和倾向性一样,接触过程也会增益描述、诠释和解释。

信任通常被认为是接触研究对象和获取研究成功的关键。正如马丁·哈默斯利和安娜·特拉亚努(Martyn Hammersley and Anna Traianou, 2012: 15)注意到的,研究者个人的诚信品质广受重视。这些"在质性研究人员开展工作的许多情境中都具有非常重要的意义,特别是考虑到研究人员经常以陌生人身份进入"。相当一部分有关接触的文献所关注的,正是消除潜在研究参与者对研究人员陌生感的行为(Emmel et al., 2007)。关注较少的是建立信任关系的维度;研究人员认为他们与拟议的样本建立起信任关系的方式,以及这些经验性接触给予了对研究对象的洞察。

举一个简短的例子,汤姆·克拉克(Tom Clark, 2008)考虑了因参与者感觉被过度研究而不愿参与,从而导致研究受阻。通过对质性研究人员的访谈,克拉克了解到过度研究最常见的症候是对研究过程的倦怠。他观察到,积极地协商和管理研究接触的并不仅仅是研究人员。参与者对参与研究有自己的看法,他们也在进行管理和协商。克拉克(Clark, 2008:953)认为,一个可能导致研究怠倦继而退出或拒绝参与研究的原因是,参与者认为"重复参与不会导致任何改变,或者参与研究与被研究群体的主要目标和利益发生冲突"。

参与者的目标和兴趣可能与他的实际关切点、时间和其他资源有关。大多数情况下,这些问题都可以通过实际的方法予以解决,例如通过付费和协商解决研究参与问题。但有个同样重要且经常被忽视的问题是,参与者对正在研究的现象应该如何诠释、解释和解决,有着自己的看法。如果研究没有考虑到这些机制,那么参与者可能会觉得参与研究没有什么意义,研究怠倦也就不可避免地随之而来。我认为,解决机制问题并不一定要将研究定位为参与式行动研究,将其置于变革的前沿。

大多数研究没有解放性目的,其目标聚焦于探究社会现象以生成新的知识。我们之所以选择特定情境下的研究对象参与研究,是因为他们可以对我们要调查、诠释和解释的事件和经验提供见解。参与者描述他们如何行动的方式以及他们可用的选择,是通过特定的观念组合对某一现象的叙述进行加工和重新加工的结果。这些观念反过来又受制于他们所能获得的社会实践的物质环境和文化意义。尽管如此,参与者有他们自认为合理的目标和利益。这些问题必须在研究中以某种方式考虑和解决,才能成功接触参与者。

正是认识到接触是一个通过协商来管理和维护的过程,我们才获得大量关于研究样本的实践和理论洞察。信任既不能具象化为研究人员应该具备的若干特质,也不能通过应用一系列工具或技术来建立。它是一种关系特征的描述,让参与者觉得允许研究人员进入他们的生活是安全的,包括参与者认为研究与他们相关的方式。这些作用力和倾向性对于研究所能得出的诠释和解释具有重要意义。

接触与我们相似的人

我认为,正是因为研究者和参与者之间的关系才使得研究成为可能,所以相当一部分质性研究是跟相似于我们的人一起完成的。这是传闻,也是我的直觉,但在任何质性研究的回顾中都具有相当大的影响力。我们可以回想一下上一章讨论的艾略特及其合作者(Elliott et al.,2010)的研究,目标样本是通过对 NCDS 大规模定量纵贯调查和马赛克剖面进行分析而确定的。如表6.1所示，每个单元格中的目标样本都代表NCDS队列。在成功进行访谈后，将已完成的样本与目标样本进行比较。这个难得的机会，可以让我们深入了解那些选择不参与研究或因其他原因而难以接触到的人的特征。对目标样本238名队列成员中的71%进行了访谈，40人婉拒访谈——17人声称太忙了；13人以家人生病等理由拒绝；6人觉得上次人口普查后再次被要求访谈间隔太短了；4人取消了访谈，且访问员无法跟他们取得进一步的联系。

大多数研究者可以利用此类洞察来追踪他们招募策略中接触成功或失败的情况。但鉴于这些研究人员对来自纵贯调查数据和马赛克剖面的目标样本的描述性洞察，比大多数质性研究者要多得多，因此他们能够进行分析，并且陈述的要比通常更多。例如，他们表明，男性参与研究的可能性显著大于女性（1.86：1，p=0.014）。无论就业状况如何，男性同意接受访谈的可能性都比女性略高一些。妇女若从事兼职工作，则更有可能同意接受访谈。2001年大选中未投票女性的拒绝率更高，同居的男性和女性，以及自我报告健康状况不佳至一般的人也是如此。此外，艾略特及其合作者所使用的方法能够识别样本的选择偏差。在NCDS50岁的队列中，具有大学学位或更高学历的占34.9%，而在质性样本中这个比例是42.2%。这个"质性访谈样本有些偏向那些声称在上次大选中投票的人……受过更好教育的人……自我报告的健康状况更好的人"。艾略特及其合作者（Elliott et al., 2010：38）对这种参与情况的分析表明,"受访者的社会参与程度可能略高于整个队列的社会参与水平"。

这里有个相当耐人寻味的现象,在许多质性样本中都广泛存在。简·艾略特及其合作者所描述的他们访谈的样本特征(健康、受过良好教育、积极参与社会活动),也可以说是大学研究人员的特征。用皮埃尔·布迪厄的话说,那些选择参与研究的人同研究人员和研究本身具有高的地位相似性、社会亲近性和社会熟悉度。布迪厄(Bourdieu,2002)在对当代社会的苦难的广泛研究中提出了这个观点,并解释了研究者与参与者之间可能存在的关系。地位相似性促成了布迪厄(Bourdieu,2002)所谓的访谈中的"非暴力"关系:一种社会和语言资本的公平竞争环境。

研究样本构成方式的另一种方法是回顾其他社会科学家在其历史情境下的研究报告和档案资料,就像迈克·萨维奇(Mike Savage,2010)所做的那样。他在对20世纪50年代研究的回顾中,发现样本存在偏差。例如,上一章中讨论过的伊丽莎白·博特和吉姆·罗布(Jim Robb)关于家庭的研究,从任何方面来说都不是一个具有代表性的样本,"而是由他们对研究乃至对社会科学的兴趣所引发的"(Savage,2010:80)。据萨维奇对博特和罗布的田野笔记的解读,大多数受访者是年轻人,生活在大都市,受过教育,持有左翼价值观,他们"服膺于在他们视为理性规划的福利国家中社会科学研究的价值……样本主动呈现于研究者,是因为受访者被研究的想法所吸引"(2010:10)。研究者和他们的样本持有相似的眼界、观点和想法，基于相似的规范和经验。当他们之间没有这些相似之处的情况下，比如在那个有婴儿刚刚去世的工人阶级家庭案例中，博特的合作者罗布描述了自己的感觉，似乎自己被当成了骗子。他谈到"我与工人阶级家庭在一起时通常遇到的困难是，我总是意识到自己的标准与他们的标准之间的差异，并且感到不舒服……"（Robb，引自 Savage，2010：9），萨维奇观察到，这种经验上的差异导致研究者和受访者之间产生了落差和隔离，尽管罗布的策略是通过将家庭成员视为潜在的朋友，从而与他们建立融洽的关系。

历史性评估可以揭示所选样本与研究者之间的相似性和相异性，研究人员的反思也是如此。当安德鲁·克拉克（Andrew Clark）和我（以及弗朗西斯·霍奇森［Frances Hodgson］）开始调查混合居住城区的"关联生活"（参见第四章）时，我们的立意工作使我们目标导向性地抽取了 4 个年龄在 18 至 26 岁的群体：大学生、年轻的专业人士、长期居住在较不富裕环境中的居民，以及少数族群。回顾我们的田野笔记，大学生和年轻的专业人士（特点是大学毕业后工作）与其他两个群体相比，接触更快速、更容易。所需要的协商工作也少得多，因为对于研究的性质，以及我们为什么有兴趣采用质性驱动的混合方法，生成如何最好地研究网络、邻里和社区的知识，他们都有不言自明的理解（参见 Emmel and Clark，2009）。基于地位相似性，我们很快建立了信任，并因此获得接纳。至于其他两个群体，我们运用艾米尔及其合作者（Emmel et al.，2007）所描述的接触方法做了大量的协商工作,才建立了信任关系。

我无法证实我先前的观察,即研究者和样本之间地位相似性在质性研究中占主导地位,因为历史记录有限。从"关联生活"中得出的观察结果,就像萨维奇对伊丽莎白·博特研究的诠释一样,都是通过仔细审阅未出版的田野日记获得的。这一点很重要,因为在这些未发表的资料中,存在着描述我们样本特征的预设和洞见,这些预设和洞见是通过接触和招募样本参与研究而得到理解的。

然而,在大多数情况下,样本是用更为基本的措辞来描述的,将我们对样本进行描述的语言误以为就是真实存在的(Scambler,2013),即第四章所讨论的语言谬误。篇幅的限制,再加上研究报告的惯例,很可能是对样本进行变量驱动式描述的原因。这些关于样本的描述,就像对一袋土豆的描述,我们被告知它们的重量和尺寸,但它们是如何进入麻袋的,它们是如何组织的,我们永远不会知道。

接触与我们不同的人

也会有研究者相当详细地报告其样本的关系特征的例外。这些研究项目是特意选择接触难以触及的个人和群体。一项关于接触此类案例的方法的研究,显示了扩展研究中样本的描述性基线的方法。关于接触难以触及群体的描述也支持了上一节中的发现：我们通常倾向于与我们相似的人一起开展研究工作。

苏珊·奥斯特兰德（Susan Ostrander, 1993：7，引号为原文中强调）对精英群体进行研究，她指出"社会科学家很少'用功预备'"。而里斯特（Rist, 1981：272，斜体及引号为原文中强调）观察到，对边缘化和弱势群体的研究很少，因为"允许外来者加入存在风险"。这些作者选择应用的重点都很能说明问题。无论我们选择的样本是在权力、财富或资本的帕累托分布的左尾部还是右尾部，他们都跟研究者不同。对他们与我们的不同之处和相似之处进行反思，是接触的必由之路。不仅如此，对接触的洞察也是样本诠释的必要部分。

哈里特·祖克曼（Harriet Zuckerman）关于接触美国科学界诺贝尔科学奖获得者的描述在两个层面上很吸引人：首先是她建立信任的方式；其次是她的参与者（处于科学界最高层级的超级精英）通过与研究者的关系确定参与研究的可能性。正如一位诺贝尔化学奖获得者所说的：

> 在你来之前，我对自己说，"如果她想问我社会上的事情，我会尽快把她弄出去"。但你问了我一些重要的事情……（Zuckerman, 1972：165）。

跟诺贝尔奖获得者一样，对构成连续统另一端的难以触及的个人和群体来说，对研究重要性的评估同样是接触的核心问题。这些人通常被描述为贫穷、无能为力、脆弱和边缘化的。然而，他们也会评估研究是否符合自己实际的目标和利益。正如艾米尔及其合作者（Emmel et al., 2007）在讨论接触社会边缘化个人和群体时所表明的那样，他们可能会依赖他们信任的"守门人"进行判断。或者，研究者可以采取诸如同侪访谈、社区融入和滚雪球等一系列策略，以产生信任并接触难以触及的个人和群体。

　　无论研究对象的社会和制度规范、价值观和相互关系如何，研究者都必须了解这些因素为何以及如何让他们难以触及。他们需要在接触过程中探讨和解释这些机制。例如，对于边缘群体和弱势群体，发放信息表或要求书面签字同意之类的行为可能是极其不恰当的（参见 Emmel et al., 2007）。而对于精英人士，比如那些参加马萨诸塞州波士顿慈善基金会的人（Ostrander, 1993），则绝对可以期望他们能以书面形式提供有关研究遭遇的各个方面的信息。

　　与难以接触的个人和群体建立和维护关系的策略选择，源自对研究的洞察和对样本的理解。这种洞察在研究中通过互动得以延展。我们通过换位思考和持续的反思，力求保持信赖、信任和融洽关系。我们对研究对象保持正直、信守承诺，若得到了他们适当的回应，就可以持续与他们接触。正如我已表明的，参与者加入研究是因为他们认为这对他们来说是有价值的。作为研究者，我们有必要反思和理解机制：我们的样本愿意与我们讨论什么，为什么他们认为这很重要。

　　在研究不同于我们的人（通常被描述为难以接触的人）时，回答此类问题可能更容易些。社会和制度规范的经验与观念之间存在明显的差异。接触和维系样本的实践是机制、作用力和倾向性，它们在特定情境下被激发。解释实现接触的这些作用力，是在研究中扩展案例描述性基线的基本要素。

持续扩展的描述性基线和代表性样本的不可能性

如第五章所述，在分析归纳法中，样本的代表性在一开始是未知的，一切随着研究的进展而被逐步阐释。这种对研究代表性的看法与梅森（Mason，2002）所描述的量化研究的代表性逻辑大相径庭。然而，这两种方法是相互关联的。两者都假定社会系统因我们的描述而封闭。举例来说，通过接触实践获得的见解再次令人质疑以变量为中心的样本描述的适用性，并进而质疑某个特定样本代表某物或某人的说法。代表性样本是应用量化抽样理论的产物，在该理论中，预先定义总体中的每个个体都有同等的被选机会。这个公理由来已久，很多人为之付出艰苦的努力，在20世纪初发展起来的民意调查市场研究技术中得到了最好的总结。对于民意调查方法的先驱之一乔治·盖洛普（George Gallup）来说，代表性样本涉及：

> 如果样本被准确选择，它代表了与整个总体相近的一个复本。它是全体选民的一个缩影，其中农民、医生、律师、天主教徒、新教徒、老年人、年轻人、商人和劳工等所占的比例与总人口中的相同（Gallup，1944：21）。

这种对代表性样本的观点取决于一个假设，即任何总体都可以被定义而且是有限的。这种代表性的观点对民意调查至关重要，基于此，盖洛普试图在民意调查中代表一个国家。即使样本看起来不具有代表性，在旁观者眼中它实际上仍然代表了某些东西。正如托马斯·奥斯本和尼古拉斯·罗斯(Thomas Osbourne and Nikolas Rose, 1999)所指出的，盖洛普的样本不足以代表女性、美国黑人和较低社会阶层。但是盖洛普(Gallup, 1944)为这种选择的合理性作了辩解：因为样本代表了一个特定总体。如盖洛普(Gallup, 1944:28)所言："在一些南部州，许多穷人因为人头税而没有投票……绝大多数黑人实际上被剥夺了选举权。"这是研究者所做的立意工作，旨在界定从中抽取定额样本的总体。样本具有代表性的断言基于这个先前确定的方案，即总体的拟像，由此来决定对依据特定因素预先选定的个体进行访谈。就盖洛普案例而言，这些因素包括年龄、性别、政治倾向、居住地、社会经济地位和种族等。借用C.赖特·米尔斯(C. Wright Mills, 1959:215)对这一公理的总结，一个具有代表性的样本依赖于"那个可怕的小短语，即'抽样之前就了解总体'(knowing the universe before you sample it)"。

对于实在论研究者来说，这种对总体的拟像是薄弱的，因为它虽然具有总体的形式或外观，但不具备其实质或真正的性质。它只是一个指南、一个框架，将随着研究的进展得到详细的阐述。正如波森和蒂利(Pawson and Tilley, 1997:120, 引号为原文中强调)所指出的,在研究中,"随着描述性基线的扩展,案例的'代表性'或'典型性'概念会完全丧失"。研究中描述、诠释和解释案例的方式将会发生变化。证据、观念和研究实践之间的关系将得到解析。此外,尽管这些特性不会超出数据范围,但必须考虑所研究特性的动态性和偶然性;样本是研究过程中的具体研究对象。无论我们选择什么样的样本,样本在我们抽样之前就已经存在了,而我们对它们的理解也会在研究中会发生变化。这些时间性考量通过对证据、观念和实践的解析,对诠释和解释产生了影响。本书通过两种方法来研究这些考量,第一种方法探讨研究人员沿街随机敲门探访会发生什么,第二种方法是更为人熟悉的滚雪球法。

敲门探访:从观念到证据再到观念

不管我们承认还是不承认,默会知识和随意决策在研究中其实很常见。我们的分类能力就是其中重要的一种,但研究人员颠覆、质疑和重述类属的技能是必不可少的。凯瑟琳·戴维斯(Katherine Davies,2011)描述了她如何着手招募英国某北部城市家庭居民,以研究家庭相似性(family resemblance)。她的策略是敲开人们的家门,并请求他们参与研究。她选择敲哪家的门并不是任意的,而是经立意工作仔细考量过的,其中既包括默会知识,也包括对现有证据的研究。将直觉和证据结合起来,可以决定选择谁作为样本,也可以验证和改进有关抽样的理论。

她与合作研究者一起在该市的两个区域——芬利艾奇(Finlay Edge)和哈姆斯沃思(Harmsworth)选择了许多街道。选择依据的是驾车驶过这些区域时对它们的印象。芬利艾奇由前门面向街道的红砖排屋组成,他们将之归类为典型的工人阶级居住地。哈姆斯沃思更像中产阶级居住地,有半独立式住宅和精心打理的花园。研究者认为,在这两个地区的每栋房屋门后都住着一户户家庭。为了确定家庭构成,并检验他们在选择中隐含的假设,他们收集并解释了从普查数据中汇总到的大约120个家庭的小范围统计数据。戴维斯指出,这些都证实了她对这两个地区的某些假设,但也提供了一些新的和出乎意料的洞察,尤其是社区每个族裔的构成情况。

基于这样的立意工作,戴维斯开始走上街头敲门探访。她强调了所选方法的民族志潜力。她沿着自己选择的街道行走,使她对这两个地区最初的概化更复杂化。她注意到房屋维修状况,以及某些街道上住户打理花园的精心程度,都存在地区间的细微差别。沿街行走的经历是一种具象化的体验,其间所见景象、所听声音、所闻气味和所感脚下路面,对于理解她正在招募研究对象的地区非常重要。当她开始理解在沿街行走中遭遇并记录在田野日记中的细微的差异性时,她对从小范围统计数据拼凑出的分类进行了解释和再解释。而且,当她招募参与者并对他们进行访谈时,她对这些地区及其居民的生活状况有了更多的了解。这项研究不是关于社区的,而是关于家庭相似性的社会意义,诸如"外表、举止、健康、特质或才能"这些(Davies,2011:2)。但是,通过了解人们所居住的环境以及这些环境的差异性,即使在几条街道内,戴维斯也能深入理解并质疑人们对生活在这些地区的人的刻板印象。那些可能描述她的样本,并引导她对工人阶级和中产阶级进行分析的类属化描述受到了挑战。其含义和观察结果因对之进行深描而丰富。戴维斯(Davies,2011:10)指出,招募作为一种研究实践,"不仅仅是产生所需样本的一种手段"。她研究的参与者所居住的地方被赋予了新的含义,这确保他们不会脱离自己的物质和社会环境。

此外,戴维斯展示了敲门招募的方法如何使她理解家庭在邻里的生活方式,从而为诠释所收集的访谈资料提供了重要洞察。她通过沿街行走不仅深入了解了她所走过的地方,而且目睹了"街头家庭公开表演"(2011:9),例如母亲在训斥她的孩子,或者有人在唤狗。这些在招募样本过程中收集资料所获得的洞察,可以丰富、充实和补充通过访谈、焦点小组,甚至正式参与或非参与式观察等其他方式收集的经验性证据。样本摆脱了单薄和不充分的类属化描述。而且研究人员用以做出选择的预设、直觉、默会知识和推测,也随着研究的进展被检验、改进,甚至丢弃。取而代之的是丰富、多样和复杂的案例描述,这些都有助于诠释和解释。这不见得是样本变得更多了,而是我们累积的描述、诠释和解释变得更丰富了。凯瑟琳·戴维斯的敲门探访方法具有创新性。解决证据、观念和实践之间关系的原则为这一创新提供了依据。下一节将讨论不同的滚雪球抽样方法。对比截然不同的方法,强调方法、证据和观念在发展诠释和解释过程中不断相互作用的方式。

滚雪球、链条和网络：扩展案例的描述性基线

滚雪球抽样法是通过接触与我们有关系的特定网络，招募研究参与者的一种方法。这些关系可能是基于友谊（Browne，2005），可能是通过某个关键线人得以了解某个群体（Smith，2005），还可能是促成首次接触的对某一现象的共同经验（Edwards et al.，1999）。滚雪球抽样，又称链式抽样或网络抽样，无论起点如何，都是利用这一系列隐喻来描述的研究中由前一个参与者推荐下一个参与者的过程。

这些隐喻指向该方法各个略微不同的特点。像一条链子时，参与者之间存在清晰而明确的联系，因为他们各自都是由先前的参与者推荐给研究者的。像一个网络时，参与者之间的关系可以在招募过程中清晰化，这样我们就可以深入了解谁被招募到研究中，以及他们被推荐的原因。而且，跟我们做雪球的方法一样，从一小把雪开始，沿着地面滚动，直到雪球大到可以做雪人的身体，在此过程中我们收集了一些雪，但丢下了其他的雪。同样地，作为一种招募方法，我们将招募到一些人参与研究，同时也排除了其他人。大多数采用过此方法的研究者指出，其主要特点是所触及的参与者具有相似的特征。

这种关联招募方法如何纳入特定的个体，是决定是否采用滚雪球抽样的一个关键考量因素。它依赖于参与者所认同的共同特

征,这些特征将他们有意味地联结在一个网络中。大多数情况下,这些网络是排他性的。例如,凯思·布朗(Kath Browne,2005)对非异性恋女性性行为的调查,从一开始就认识到这种现象可能被认为是公共领域之外的现象。为获取并洞悉这些私人和隐秘的描述,她的策略是利用友谊网络招募女性参与她的研究。链条的最初一环是研究者本人,她是白人,非异性恋,年轻(22—23岁),居住在一个英国小镇上。正如布朗(Browne,2005:52)所言,这是"我的样本得以形成的核心"。使用滚雪球策略会纳入特定类型的参与者,也因此将其他人排除在研究之外。

布朗反思了滚雪球方法是如何因年龄、种族和居住地等因素,将通常不属于其人际网络的人排除在外的。因此,她认为:

> 社交场合(如异性恋和同性恋酒吧、夜总会)是结识朋友和熟人的重要场所,他们成为我研究的参与者……(这些人)主要是白人,无论城市的种族多样性如何(Browne,2005:52)。

但是,由于抽样策略所依赖的是人际网络内的亲密关系,一些参与者要么不想参与研究,要么对研究中可能讨论的东西觉得不舒服。有一位参与者(一位朋友的朋友)拒绝参与,因为她不想向布朗透露自己性生活的私密细节。相对而言,研究中的友谊网络促进了参与者之间关于他们私生活某些方面的轻松讨论,正如布朗所指出的,这些友谊对于促进某些类型的对话非常重要,而这些对话在陌生人之间可能不会发生。然而,有些领域仍然被认为超出了可接受的谈论范围,例如伴侣之间的特殊关系动态。在此情况下,研究者被卷入到参与者的边界和联盟中,并且需要设法弄清楚这些。

布朗(Browne,2005)的这一"边界"概念来自罗莎琳德·爱德华兹及其合作者(Rosalind Edwards et al.,1999)对继亲家庭的调查。在研究当时,继亲家庭还是一个非常新的概念(Edwards personal communication)。在这里,这些研究者考虑了围绕构成继亲家庭的一系列关系划定界限的方式的内涵。他们推测可以使用许多特征,例如,亲生父母和/或继父母的婚姻状况、孩子的居住和探望方式,以及法律和行政定义。他们指出,似乎可以以无数种方式配置和再配置继亲家庭这一概念。更重要的是,他们注意到继亲家庭成员本身也描述和建构了他们的家庭生活。对于爱德华兹及其合作者(Edwards et al.,1999)来说,这提出了一个挑战,研究者建构继亲家庭边界的方式与参与者的建构方式可能相匹配,也可能不相匹配。这种与研究者的分类一致或不一致的情况,反过来将导致参与者乐意或抵制参与研究。他们认为这个问题尤为重要,因为他们的滚雪球招募策略是从联系继亲群(家庭)中的一个成员(通常是生母或继母)开始,继而寻求访谈继亲群中的其他成员。

爱德华兹及其合作者使用"继亲群"(step-cluster)一词,表明他们不愿意将所建构的继亲家庭这一概念强加于人。事实上,他们试图将定义样本类属的边界划定得尽可能具有渗透性。例如,为应对讨论何时结束抚养孩子时出现的紧张情绪(用他们的表述),爱德华兹等人(Edwards et al.,1999:22)认为:

> 为人父母(以及为人子女)并不会在特定的年龄或阶段结束,但"抚养孩子"可能会受到更多限制……我们决定不以年龄上限为继亲群中父母分居或离异的孩子划定一个固定的边界。

这种共同建构策略可以避免在研究中强加理论,即就继亲家庭在养育儿女的某些特定环境和经历中可能会发生什么,所生成的观念。两者之间不存在有待验证、改进、修正,或裁定的观念。除了每个被调查家庭的微观社会学特征之外,没有调用任何情境来构建这项工作。相反,这些术语被提倡在研究中共同建构。研究对象在研究人员的轻微点拨下,确定了他们所希望被分类的方式。正如一块白板(tabula rasa),研究者提供石板和粉笔,参与者撰写脚本。对于爱德华兹及其合作者(Edwards et al.,1999)而言,强有力的共同建构导致研究者与参与者之间权力关系的消融。不愿意先对样本进行分类,再在研究中识别类别的谬误,可能会导致进入一个相对主义的虫洞(relativist wormhole),在这个虫洞中,每一种共同建构都是另一种描述性的叙述,缺乏解释因果关系的能力。

现在,于实在论者而言,这些建构充其量只能说是让人意识到什么是研究的重点。再回到本节前面讨论的凯思·布朗的研究中，她在调查同性恋女性的性行为时采取了一种截然不同的方法。她承认，她之于样本的关系，既是朋友，又是研究者。她总是处于相对于样本的某个位置上或某种关系中。作为研究者，她反身性地参与接触样本个体的过程，以及他们对事件和经验的见解之中。她对滚雪球抽样策略中研究者和参与者之间，以及参与者彼此之间关系之显著特征的诠释，是对社会和制度规范、价值观、相互关系和文化的描述，这些体现在被招募者参与研究的方式上。

网络的此种含义是真实存在的，并具有作用力与倾向性，这一点引导大卫·史密斯（David Smith, 2005）运用滚雪球抽样策略招募研究参与者，对伦敦社会福利住房区的社会排斥和地下经济展开调查。这一链式抽样策略的起点是一位校友的兄弟，他在该区因贩卖毒品和盗窃而声名狼藉。正如史密斯（Smith, 2005：13）所说，"我对史蒂夫感兴趣的，不是他的毒品交易，而是他广泛的人脉……"他通过史蒂夫接触到了关键线人，这些线人给他提供了关于该地区地下经济以及单亲抚育经验具体而有见地的见解，还给他介绍了更多具有类似经历的研究参与者。滚雪球抽样有助于研究者沿着一条链条由前一个人转介给下一个人。这些是分配和交流网络，其中特定环境下的物质产品以及对事件和经验的共同叙述直接与意义、信念、动机和意识形态相关联。对研究参与者叙述的诠释总是：

既受到他们所处的物质环境的影响,也受到使行动者理解自身处境之文化资源的影响(Maxwell,2012:21)。

史密斯所强调的,正是他样本中事件和经验的情境和叙述的相似性。他指出,"滚雪球抽样涉及的是案例内部的抽样,而非跨案例的抽样。因此,它倾向于推出一个同质性样本,而不是提供与社会特征不同的群体的联系"(Smith,2005:14)。这就是滚雪球抽样策略的优势。它以浓缩的形式提供经验:一小撮人融入特定行动的物质和文化形态,具有深入而强烈的认知(参见Ken Plummer,1983:101)。

通过滚雪球/链式/网络抽样策略所获取的描述范围较窄,这表明在做出论断时可能面临挑战。诠释和解释不能从数据资料中直接读取,而是以研究者的理论和洞察为中介。这些不是很强的共同建构叙述,而是弱建构、强诠释和解释。他们力求取得真实的描述,无论多么容易出错且待进一步质证。

正如大卫·史密斯所指出的,有一种强劲的趋势是过分强调低收入社区中地下经济的力量。一些显然入不敷出的家庭,以及某个社区中少数拥有修车技能的知名人士,构成了无薪工作程度的指标。政治运动和媒体对福利金欺诈等问题的夸张报道"给居民灌输了常识性观念,让他们确信福利制度滥用的现象普遍存在"(Smith,2005:145)。研究中,个人层面上确认的事件和经验,随后推广到情境中。研究者面临的挑战是,采用这些观点,理解它们是如何与所处的情境相互作用并受其限制的,并为知识的情境特征带来一系列理论预设。

滚雪球/链式/网络抽样策略是研究中获取参与者并构建样本的一种策略性选择。作用力与倾向性内在于这种选择中——对于滚雪球样本来说,提供了访问丰富的网络节点的机会,同时受到链条上链接点的限制。在这方面,它跟我们在研究中可能选择用来接触参与者的任何策略类似,情境、过程(或规律),以及参与者和研究者的观点,持续不断地与事件和经验的叙述发生互动。它们在研究者能力范围内朝着诠释和解释方向逐渐发展,使之成为可能。

结论

实践、理论和证据持续参与对样本的诠释和再诠释。当通过案例化方法将证据和实践结合在一起时,它们之间将相互诠释和解释。样本的扩展描述性基线成为在各种观念之间做出裁断,以及验证和改进这些观念的至关重要的洞察。作为研究者,我们对我们所认为的样本特征和因果作用力进行了深入洞察。我们在研究团队内部(Greenhalgh et al., 2009),以及更广泛的学术共同体中研讨我们的模型和探试方法。这些裁断过程的结果是提出关于什么在什么情况下对谁适用,以及为什么适用的主张。

与本章讨论的关于接触、敲门探访和滚雪球抽样一样,伦理实践也应根据特定的情境进行解释。例如,对于美国人类学协会

(American Anthropological Association，1998)而言，知情同意的过程是动态和连续的。它们应在项目设计中启动，并通过与研究对象对话和协商的方式在研究实施过程中继续运用。研究者与研究参与者之间所建立的关系可能是密切和持久的。研究实践的一个基本要素是，认真而谦恭地协商关系的界限。这些经协商的伦理准则是在实践中形成的。回顾本章中关于样本如何参与研究的讨论，伦理实践要求"对行动发生的整个情境，包括研究者和被研究者的身份，以及在这一情境中运作的各种力量，做出反思性判断"（Hammersley and Traianou，2012：33-34）。这里强调的是"社会研究的'价值丰富'而非'价值中立'的特点"，对这些作者来说，这是解释伦理和伦理实践的一个根本性转变（2012：33，引号为原文中强调）。虽然我们认识到"整体"通透的反身性是不可能实现的（见第四章），但我们必须尽最大努力描述和解释研究中为诠释和解释而汇集在一起的实践、证据和观点。

本章还强调，推进案例化策略的规则、工具和程序绝对欠缺。实践、观念和证据之间的关系性、过程性和反身性分析，是实在论研究的解释力所固有的。在研究的外部力量看来，这些法则往往是难以预料的。在本章最后一部分，我简单讨论了实在论质性方法的一个领域，即伦理实践。由于缺乏预先设定的程序，伦理实践对外部力量提出了挑战。在下一章，我将讨论许多研究规制结构所面临的另一个挑战——样本规模（样本量）。

第八章　样本规模

本章关注的是一个最经常被问到的问题，即质性研究中样本规模需要多大（或多小）？我在本书的第一部分讨论了理论抽样、目标导向性抽样，以及理论或立意抽样三种抽样策略中决定样本量的主要依据；还讨论了质性研究中样本量大小的实际问题，这在许多方法论论述中少有谈及。实在论抽样策略考虑的是在质性研究中收集洞察片段的方式，询问需要多大的样本量或多少次访谈才够，那是问错了问题。更有用的是要说明，研究中观念与证据间关系的建构与重构是如何支撑研究做出论断的。

大数字、小样本、案例

在质性研究中，即使表面上看是大样本的研究，样本量还是小的。最大的质性样本似乎不会超过200个单位。典型的例子如萨维奇及其合作者(Savage et al., 2005)的样本量为186名参与者,艾伦·沃尔夫(Alan Wolfe, 1996)的研究则调查了200名美国受访者的中产阶级经历。然而,即使参与者人数看起来很多,这些样本实际上仍然相当小。要理解有多小,我们需要考量每个样本是如何分解的。如之前第五章和第六章所讨论的,萨维奇及其合作者的样本被细分到曼彻斯特郊区的四个居住区。在威尔姆斯洛(Wilmslow)招募了44名参与者(人口30326人);在谢德尔(Cheadle)招募了43名参与者(人口12158人);在查尔顿招募了47名参与者(人口13512人);在拉姆斯伯顿(Ramsbottom),有47位家庭成员回答了研究人员的问题(人口14635人)。类似地,沃尔夫的调查从美国四个区域中选择了四个城市,又在每个城市选择两个地区。从这八个地区中的每一个分别抽取25个人。在东海岸选择了波士顿(马萨诸塞州布鲁克林,人口58732人;马萨诸塞州梅德福,人口56173人);在南部选择了亚特兰大(佐治亚州东南迪卡尔布县,人口691893人;佐治亚州科布县,人口701325人);在中西部选择了塔尔萨(俄克拉何马州的断箭镇,人口98850人;俄克拉何马州桑德斯普林斯,人口18906人);在西海岸选择了圣地亚哥(加利福尼亚州伊斯特莱克,人口243916人;加利福尼亚州兰乔伯纳多,人口49115人)。

正如沃尔夫(Wolfe, 1998)所指出的,1992年CBS(Columbia Broadcasting System,哥伦比亚广播公司)新闻/《纽约时报》所做的民意调查中,当被问及"总统候选人谈论中产阶级时,是否指像您这样的人?"这一问题时,75%的受访者自认为是中产阶级。根据美国人口普查局(US Census Bureau)1990年和2000年两次普查中间的全国人口估计数据,这样的人有194938941人。不论是沃尔夫,还是萨维奇及其合作者的样本,表面上都给人数量庞大的印象。但如果仔细检查,就会发现,即使是这些规模相对较大的研究,也只是对被调查总体非常微小的触及。

但是,这些数字不过是干扰因素,我们需要关注的是样本在研究中所发挥的功用。这些研究中的每一个都建立在对其设计的策略性比较之上。在设计这些研究时,关注的不是样本的多少,而是抽样的目的。之所以选定曼彻斯特的四个地区,是因为它们体现了"核心过程和发展类型,个人可以围绕它们进行有意义的联结"(Savage et al., 2005:17)。在美国选定八个地区是为了"考察表面上彼此间尽可能不同的郊区"(Wolfe, 1996:21),但所有地区都体现了研究者所认为的中产阶级郊区的特定特征。

尽管这些研究都使用变量和类别来决定在哪里抽样和对谁抽样,但它们既没试图断言能代表整个曼彻斯特的中产阶级,也没试图代表具有明显自我认同的美国中产阶级。正如沃尔夫(Wolfe, 1996:32)所认为的:

　　尽管对民族志报告而言,200个可能是相对较大的访谈数量,但对于任何类型的调查研究而言,这个数字还是太少了。

相反,在上述案例中,我们不太关注中产阶级中有多少比例的人以这种方式思考或行动,又有多少比例的人以另一种方式思考和行动。更关注的是捕捉中产阶级生活经验的复杂性、细节和动态,去揭示和探索关键案例。

萨维奇及其合作者(Savage et al., 2005)的研究有一个方面几乎是独一无二的,即列表化地呈现了每位参与者是如何为他们书中丰富的叙述做出贡献的,以及样本中的每个案例是如何支撑诠释和解释的。在附录中列出的186名参与者中任意选择一位,编号D52,是一位居住在查尔顿的39岁管弦乐手,他贡献了自己的看法,关于他怎么决定搬到这个地区,对传统的和变化中的曼彻斯特的热爱,他的社交和工作生活,以及电视观看习惯。萨维奇及其合作者调用了广泛的观点、观察、喜好和情感,为他们的分析服务,并在研究中生成案例。

解释的限制和案例数量

向个人询问经历并不是要他们讲述某些独特的事件,而是像唐纳德·T.坎贝尔(Donald T. Campbell, 1975)所认识到的,这种提问旨在激发参与者讲述与所描述的情境相关的丰富经验。参与者之所以被选中,是因为他们可以提供丰富的生活经验,可资用于讲述他们自己的故事、这些如何影响他们的生活,及其对社会实践的影响。样本收集并自我解释事件的附带经验（March et al.，2003）。

如上一节所述，在质性研究中，从样本中寻求这些叙述，不管样本规模大小如何，都必然只是（总体的）一个片段。每个这样的片段都是对研究中所收集到的经验的详细阐述。它们不是单一的数据点，而是阐述经验的详细故事。

在理论或目标导向性抽样的分析归纳中，样本量的合理性取决于在封闭社会系统中对这些经验的理解。例如，贝尔托和贝尔托-维亚梅（Bertaux and Bertaux-Wiame，1981）（见表8.1）指出了经验同质性与较小样本量之间的相关性，反之，对异质性群体进行调查则需要更大的样本量。他们假设有离散的关键案例，将这些案例结合起来以检验研究中的智识工作。例如：

> 单个的人生故事是孤立的，仅仅根据这单个故事去做概化是有风险的，因为第二个人生故事可能马上会驳斥这些不成熟的概化。但纳入同一套社会结构关系的几个人生故事相互支持，则共同构成了一个强有力的证据体系（Bertaux and Bertaux-Wiame，1981：167，斜体为原文中强调）。

贝尔托和贝尔托-维亚梅试图阐明"一系列特定社会过程背后的结构模式"（1981：168）。他们的典型案例用于检验结构关系理论在烘焙业的适用性（参见第三章）。一个适当的样本是以信息冗余为标志，也就是说典型案例已经信息饱和，但这种冗余始终受限于特定时刻的一组偶然且不相关的情境因素。

对于实在论者而言,这些故事、对经验和事件的叙述(参见第四章),并不能为关键案例的生成提供经验轮廓。它们反而是检验和改进观念,证明和驳斥猜想的良机。报告收集了1个还是200个案例,这不如将对事件和经验的洞察用于研究的诠释、解释和论断的方式更重要。实在论抽样策略寻求广泛的叙述,以扩大和发展所选案例的描述性基线,从而洞悉在特定情景和环境下体验、解释、感知和接受现象的方式。为了在研究中获取此类洞察,需要收集的数据资料必然是数量庞大的。收集这些数据资料将面临一些实际的挑战,而这正是我接下来要讨论的。

资料收集、分析和报告的实际困难

我们在质性研究中寻求叙事的细节和丰富性,这意味着质性样本小是不可避免的。正如梅森(Mason,2002)所指出的,质性研究中的小样本量并没有方法论上的理由,但是样本规模必须在实际可控的范围内。回到上节讨论的萨维奇及其合作者(Savage et al.,2005)的研究,他们报告收集了将近150万字的转录资料。阅读所有这些资料相当于阅读一本查尔斯·狄更斯(Charles Dickens)的长篇小说,例如《我们共同的朋友》(*Our Mutual Friends*),而且差不多要读四遍半。所有这些资料都需要转录、检查、读取和编码,然后对部分转录文本进行分析。萨维奇及其合作者(Savage et al.，2005)报告说，他们最初只能通过数据挖掘来提出相对集中的研究问题，也就不足为奇了。他们在1999年完成了资料收集工作，但直到迈克·萨维奇于2002—2003年间休学术假时，才能对大部分资料进行分析。在此期间，研究团队成员开始了新工作，承担了行政职责(毫无疑问，他们花费了大量时间来考虑作为各自大学院系的研究人员如何能为该研究贡献更多)，还得照顾自己的孩子。

研究者在考虑研究中需要纳入多少个人陈述、文件、图像、人工制品、地点、事件、研究日志条目或其他任何选择项时，都必须首先考虑个人和实际操作层面的资源限制。

质性样本总是很小，因为要想获取丰富的洞察，所需的数据量是庞大的。数据量可以用填满文件柜的抽屉数和存储的硬盘空间来衡量。然而，在规划和实施样本时的俭省必须始终予以调整，并首要关注确保收集到足够的数据，以深入了解所调查的社会过程的复杂性。从研究早期的概念化阶段就要求设计简约。在策划、执行和报告研究案例时，经常要考虑到叙述的俭省性和丰富性。

我们只有碎片，体验单一案例的丰富性

无论是选择200名参与者还是选择1个，都是为了诠释和解释社会过程。案例之所以被选择，是因为它们有助于创造性地解决

所研究的难题,并且能够用手头资源呈现令人信服的案例。如前所述,沃尔夫和萨维奇关心的是,有足够多的参与者生活在他们预定的每个区域中,通过比较中产阶级身份认同来展开讨论,同时寻找可能的差异维度。

其他研究者可能会选择完全不同的策略。他们所关注的仍然是收集关键案例,以及有助于检验和改进观念的洞察。举个老生常谈的例子,威廉·富特·怀特(William Foote Whyte, 1993[1943])选择了一个贫民窟并在该贫民窟选择一位线人来调查科纳维尔(Cornerville)高度组织化和一体化的社会系统。他的线人多克是他进入贫民窟这一多元且有限的网络的切入点。

正是此类质性研究的经验,才让迈克尔·奎因·巴顿认可了小样本量,甚至单一案例的合理性。在巴顿(Patton, 2002:245)看来,证明样本量是否合理的主要考虑因素在于:

> 效度、意义,以及质性调查产生的洞察,更多地与所选案例的信息丰富性和研究者的观察/分析能力有关,而与样本量没多大关系。

实在论者可以认同这种看法。巴顿的实用主义取向如同一枚硬币的两面。一面是,要对如何使用资源做出判断,即采用少量信息源进行深入探究,甚至只研究单个案例。另一面是,要判断这些实用主义的选择能否引导出对调查主题足够严格和有效的阐释。

然而,这一论述并未涉及在实证洞察之外评估一个案例信息丰富度的驱动因素。实在论者会注重理解每个案例如何为研究中的解释工作做出贡献,以及观点如何在案例内部和案例之间得到检验与完善。

菲利普·布儒瓦(Philippe Bourgois, 1998)展示了如何利用单个案例来处理观念与证据之间的关系。在12月的一个寒冷潮湿的夜晚,他追随线人迈基(Mikey)穿越纽约东哈莱姆区(East Harlem)的荒原,去了解毒品注射场所的海洛因使用情况。这项研究的突出特征是深描:真实的经历经由叙述和阐述,为观念的加工和再加工提供了机会。

布儒瓦(Bourgois, 1998:64-65)试图解释海洛因经济的严峻现实。他谈道:

> 数十亿美元的毒品产业——自20世纪70年代以来,美国内陆城市中唯一持续增长中的平等机会雇主……(在那里)毒品贩子们狂热地信仰"伟大的美国梦"……这条街既提供了实实在在的经济选择,也提供了一个承诺自豪和自尊的意识形态框架。

布儒瓦用一个案例将观察结果汇集在一起,他跟随迈基四处走动,从毒品注射场所经理多克那里了解情况,观看斯利姆和弗莱克斯注射"快球"（speed balls）[①]。这些经验性的叙述与理论观念和研究情境描述相结合，共同从研究中得出可信的叙述；重述了毒品注射场所的肮脏、阴冷、恐惧、绝望、解脱、友情和等级制度。同样的还有在结构网络中定位主体、传达规范和相互关系，以及诠释和解释因果作用力和倾向性的机制。它们将迈基及其瘾君子同伴置于寒冷冬夜里纽约市郊的荒原上，并放在更广阔的美国政治经济的视野中。观察、访谈、无意中听到的话、情境描述和理论都被带入研究中，被抛弃、借用、改进或修正。这就是布儒瓦研究中的案例；这是一个片段，但却是他精心选取并充分运用的片段。

在类似实在论方法的指引下，鲁瓦克·华康德（Loïc Wacquant）向感兴趣的读者展现了"芝加哥计划"（Chicago Projects）中的生活。他的样本是里基（Rickey），或者更恰当地说是里基的观点。他是个便利样本：

> 我是通过里基的兄弟认识他本人的，我在研究芝加哥拳击手的技艺时，在贫民窟中心的一家体育馆里遇到了他的兄弟内德……内德建议说，"他也打过职业，甚至还想回来，你应该访谈他"（Wacquant，1998：3）。

访谈持续了三个小时，"紧张、快节奏地展现"（1998：11）了贫

---

①毒品"快球"，是由海洛因和可卡因组成的混合物，在欧美国家比较普遍，作用速度快，极易成瘾，对人体危害性很大。——译者注

民窟生活和一个街头混混的生活情况,让华康德(及其大多数读者)深入了解到一个未知的世界,华康德必须对这个未知世界进行时空定位:

> 现在,再把里基视为一个边缘奇人、一个属于类似黑社会的边缘人物,或轻易采用"越轨"这个概念来分析,都将是严重的错误。相反,他所展现的街头混混形象实际上是一个普遍存在的角色,这是在美国黑人贫民窟的社会和象征空间中占据着核心位置的一种类属(斜体为原文中强调)。

华康德对里基所在的类属空间的论断将这项研究定位于以民族志为主的贫民窟研究。但是这么做的目的不仅仅是为他的样本提供经验性坐标。在上述描述中,选择拉丁中性复数形式词和性别无涉新词拉开了他与研究对象的距离。作为社会科学家,华康德的任务是要对里基的生存状况(Bourdieu, 1996)有更深入的理解。在华康德对熙来攘往的贫民窟生活的诠释中,他借鉴和调用了理论,来解释案例是谁,以及如何理解他。

我们已经知道,里基的叙述无法简化为"越轨行为"来加以解释。华康德(Wacquant, 1998:11,斜体为原文中强调)将他的对象置于一个更广泛的关系网络中:

> 里基既不是一个社会异类,也不是一个离经叛道的微

  观社会的代表：相反，他是*经济和种族排斥逻辑恶化的产**物，这种逻辑正愈发严苛地强加于贫民窟的所有居民*。

  在这里，我们可以看到实在论研究的两个关键特征。第一个，拒绝由里基主导的微观经验解释。里基的访谈不能解读为案例研究，案例研究是一种经验主义的表述，试图以某种方式传达经验。尽管大部分访谈内容都转引于论文中，但这些转录文本并不是孤立的。正如布迪厄(Bourdieu, 1996：29)所言，"社会主体对他们的身份和所做的事情并没有与生俱来的认识，即使在不以误导为目的的情况下，他们的声明也可能表达出与他们所要说的完全相反的内容"。实在论者必须用强有力的诠释和解释来引导这些弱建构。

  华康德强调的第二个关键特征是社会科学家的预设和观念与证据的相互作用：这是一种案例化策略，以解释哪些作用力与倾向性在什么情况下对谁起作用，以及为什么起作用。华康德的实在论解释为里基的贫民窟故事提供了远远超出项目边界的理论支撑。该理论解释了因果机制和样本的范围。

  如果质性研究中的样本要完成所有这些工作，那么它就不能简单地通过数字的确定性和精确性来描述。正如吉安-卡洛·罗塔(Gian-Carlo Rota, 1991：177)所言，现实世界"充满了缺失、荒谬、异常、越轨、憎恶、滥用和深渊(鸿沟)"。这些正是我们的研究所要诠释和解释的，包括对来自案例的事件和经验的洞察，局内人的观点,以及局外人的理解。

我现在转向简要思考案例与论断之间的这种关系,然后再探讨在质性研究中数字对样本描述的有害影响。

从案例到论断

正如布东(Boudon,1991)所认为的,单纯的经验主义是毫无价值的。理论是从研究中得出的论断,属于中等层级。它们超越了单纯的描述或经验概化(Merton,1968)。正如在上一节讨论华康德和布儒瓦的实在论叙述时所示,论断将观念和证据整合为陈述,与更广泛的理论网络相关联,同时保留了生成假设的机会,以通过进一步的经验研究进行检验。中层理论不是包罗万象的系统理论,而是"一些大大小小的专门理论,期望将来能将它们继续纳入理论体系"(Merton,1968:48)。换句话说,理论是容易出错的,总在等待被进一步修正、重新诠释和重新呈现。这种方法很少主张全盘抛弃某个观念,而是不断地积累(Pawson,2013)。

正如我在第四章所主张的,所有的研究都始于思想观念。选择用于研究的问题并非凭空出现的,而是与我们的背景知识有关。调查是由观念驱动的,样本是运用这些观念来选择的。我们从样本中获得关于事件和经历的描述性叙述。该样本可能是能够表达事件和经验的有生命的单位,如个人、群体或组织。同样,我们的样本也可能包含文档、照片、甚至是家庭壁炉的装饰这些无生命物品,它们能够反映结构与能动性之间的关系。

无论样本是由抽样单位如何组成,它们都提供了经验性主观洞察。正如玛格丽特·阿彻(Margaret Archer, 2000:313)所言,这些叙述是"关于世界的,因此不能独立于世界本身"。对实在论者来说,我们观察、听到或看到的东西与现实之间没有直接的对应关系。社会现实不能简单地用描述或观念来呈现,它远比这些要丰富得多、深刻得多。关于现实的临时理论是依据证据来检验、改进和裁断的。霍华德·贝克尔(引自 Baker and Edwards, 2012:15)认为,证据必须支持结论,而结论不得超出证据所能支持的范围。

这些数据资料可能来自一个或很少的样本,就像詹姆斯·G.马奇及其合作者(James G. March et al., 2003:469)那样。它们"提供了关于潜在现实的信息碎片,这些碎片累积起来,就像肖像画的各种元素累积起来以提供关于其主体的信息一样"。它们是碎片的。它们既不是统计学意义上某个总体的独立样本,也不会累积起来表征一个更广泛的群体。

在实在论抽样策略中,立意工作允许在研究初期就计划好需要抽取的单位的数量。这些数字只是计划中的而已,研究中的观念、内外部作用力说明了要开展的观察、要做的访谈,以及要阅读的文件等的数量。随着研究的进展和对被调查对象的深入了解,这一预先定下的配额不可避免地会发生变化。如第六章所述,早期计划中用于定义配额的变量与其说是最终的蓝图,不如说是在信封背面随手画下的初步草图。它们会随着研究的进展而进一步精细化。

如上一章所述，实在论策略中的案例如同归纳策略，也会受研究中重复和反身性规划过程的影响。就"多少次质性访谈才算够？"（Baker and Edwards，2012：29）这个问题，詹尼弗·梅森在这篇工作论文中的回答是，"得看情况"。做出判断所依据的一系列考量因素是：

> 深入探索过程如何在特定情境、特定环境和特定社会关系中运作……一个更具诠释性和调查性的逻辑……这样你就可以基于对过程的丰富性、复杂性和细节的探索，以及对不同情境的偶然性的理解，构建令人信服的分析性叙述。

梅森此处的论证是强诠释性。出于实际考虑，情境、环境和社会关系的配额将从一个数字开始。在整个研究过程中，将对案例进行描述和再描述。在证据收集和解释过程中，观念被带入并与之发生作用。案例具有这些特征，因为通过研究厘清了观念与证据之间的关系。

然而，这种反身性过程常常被打断，样本被量化了。有人断言，一个特定规模的样本足以调查某个研究问题。这种对更大样本量的坚持通常是由外部倾向性和作用力强加的，包括伦理审查委员会、期刊评阅人（我马上要讨论一个这样的例子）、资助申请评审人、考官，以及忧心于上述所有问题的学术导师。这种强加的伪量化逻辑是，假设要从研究中发现值得信赖的结果，大样本更为可靠。

来自外部作用力关于增加样本量的诉求，可以通过强加量化推理的主导意识形态来解释。然而，令人惊讶，甚至耐人寻味的是，有那么多质性方法学家提出了质性研究可接受的样本量。我现在要说的正是这种数字的诱惑。

数字 n 的诱惑

在质性研究中，没有用于确定样本量的指导方针、充分性检验或功效计算公式。然而，质性研究者仍坚持用数学符号(n)来描述其样本量。表8.1强调了这一点，该表报告了质性研究者如何发现有必要跨越质性习语，说明特定类型的研究需要特定的样本量或范围。这些示例中的大多数都没有提供所选范围的依据。阅读对这些论断的描述所获得的印象是，这个样本量对某个在特定环境下、特定人群中、调查特定现象的具体研究中是有效的(例如，见表8.1中的 Morse[1994]和 Creswell[1998])。鉴于复制研究来解释这些维度的可能性极小，从这些数字中概括与应用它们对其他人的研究没有成效。表8.1所提供的指引在确定质性研究样本量时几乎没有什么价值。

表8.1　质性研究中表述 *n* 的有限值

作者	样本量(*n*)	说明
Bertaux and Bertaux- Wiame（1981）	15~30	取决于结构经验的多样性——基于对面包师(同质群体)面包店主(异质群体)的研究
Kuzel（1992）	6~8	同质性样本(论断,无证据)
	12~20	异质性样本——"在寻找否定性证据或试图实现最大变异时"(论断,无证据)
Morse（1994）	6	现象学研究(论断,无证据)
	35	民族志、扎根理论研究、民族学(论断,无证据)
	100~200	质性行为学(详细行为研究)(论断,无证据)
Creswell（1998）	5~25	现象学研究(论断,无证据)
	20~30	扎根理论研究(论断,无证据)
Bernard（2000）	36	大多数民族志研究似乎都基于这个数字(论断,无证据)
Guest et al. （2006:79）	12	"对于大多数研究团队来说……其目的是了解一群相对同质的个人之间的共同看法和经验,12次访谈应该足够了"
Adler and Adler in Baker and Edwards （2012）	30	一个(出于实际考虑并为外部作用力所接受)合适的整数
	12	学生一学期的学习(练习质性研究技能的实际机会)
	20	学生两个学期的学习(练习质性研究技能的实际机会)

理论饱和的限度

马克·梅森（Mark Mason，2010）向我们保证，质性研究中最常被提及的关于样本量的理由是理论饱和。这是他对质性方法博士论文广泛评阅之后得出的结论。在第一章所讨论的扎根理论方法中，已经对理论饱和进行了描述。科宾和斯特劳斯（Corbin and Strauss，2008）认为少于5~6次访谈不足以达到饱和，但并没有确定样本应该要多大。梅森（Mason，2010）查阅了560篇博士论文后发现，平均样本量为31，但分布比较离散（标准差为18.7）。他继而指出，大多数研究包括10、20、30和40名参与者。

耐人寻味的是，为什么平均值是31？一个可能的原因是，统计学中用于小样本检验的学生t分布，当自由度到30时可以近似于正态分布，这是一个不成文的伪定量逻辑，即30是统计研究中的小样本，因此它也可以用于小样本的质性研究。当然，这只是横向思维，但在关于样本量的讨论中，更令人担忧的是梅森观察到博士生没有遵守理论饱和的准则。他认为，这些准则的问题在于过于弹性。然而，格雷格·格斯特、阿尔温·邦斯和劳拉·约翰逊（Greg Guest，Arwan Bunce，and Laura Johnson，2006）认为能够设计一个精巧的实验来量化何时达到理论饱和，表明这些准则可以被严格应用。

格斯特及其合作者（Guest et al.，2006：65）将理论饱和定义为

"数据收集和分析过程中的某个节点,到达该节点后,新信息几乎不能或根本无法改变编码本"。他们设计实验旨在获得"数据集内主题穷尽性和变异性的可靠理解"。

　　该实验提出了关于理论饱和的几个关键问题。直到没有新的编码类型被发现,需要进行多少次访谈?编码充实而不再需要更多经验数据之前,需要进行多少次访谈?最后,使用比较群组对研究有何价值?这项实验涉及格拉泽和斯特劳斯(Glaser and Strauss,1967)讨论的理论饱和的关键维度,格拉泽(Glaser and Strauss,2001:191)总结说:

　　　　饱和并不是一次又一次地看到相同的模式,而是对这些事件比较进行概念化,从而产生该模式的不同属性,直到没有新的模式属性出现。这就产生了概念密度,当将之整合到假设中时,就构成了具有理论完整性的生成性扎根理论的主体。

　　格斯特及其合作者在一项研究中进行了实验,以调查那些属于HIV感染高风险群体的女性谈论她们性经历的准确性。在尼日利亚伊巴班和加纳阿克拉各招募了30名性工作者,来自三个高风险场所,分别是一个红灯区、一家酒店和一家旅社。选择的标准是:女性年龄在18岁及以上;过去3个月内与不止一名男性伴侣有过阴道性交;平均每周有三次或更多的阴道性交。按照访谈指南,每位女性都以相同的顺序被询问相同的问题,但如果出现了特殊的议题,则鼓励访问员继续追问一些子问题。还鼓励访问员去探究关键主题。

格斯特及其合作者以6份访谈转录本(这些作者在文献中确定的最小建议样本量)为一个批次,分批审核了新创建的编码,以及对现有编码定义的更改。他们测量了编码的应用频率。从加纳收集的访谈资料开始,这些孜孜不倦的研究者一次对6次访谈进行编码,直到30次访谈全部编码完成,然后继续对从尼日利亚收集的编码进行分析,直到所有60次访谈全部审核完毕。

最终的编码本由109个内容驱动编码组成,其中80个(73%)是在最初的六次访谈中识别出的。接下来的20个(18%)是在随后的六次访谈中识别出的。在对最初的12次访谈进行分析之后,就已经发现了92%的编码。在审阅了加纳的全部30次访谈后,研究者完成了他们的编码本。他们继续处理尼日利亚的访谈资料,增加了一个实体编码,并制定了四个编码作为现有编码的变体。"四个新编码中的两个需用于校园性工作者这一独特的子群体"(Guest et al.,2006:66)。这个群体既不称自己为性工作者,也不称其性伙伴为客户。考虑到这个子群体谈论自己和客户的不同方式,研究者对编码进行了调整。

审核的第一部分揭示了编码的频数,第二部分则调查了编码如何随着研究的进展而变化。在研究过程中,总共对编码进行了36次修改;第一轮分析所做的修改占11%,第二轮修改的数量最多(17次,47%),第三轮修改的占比是20%。到审核完上述18次访谈时,对编码所做的修改已占全部修改量的78%。

　　第三项检验是通过确认参与者叙述的内部一致性,来确定每个编码的主题重要性。在前18次访谈之后,后续参与者一直说的都是研究中已发现的所有最重要的主题。最常讨论的主题在早期访谈中都得到详细阐述。有36个编码被参与者频繁提及,其中34个(94%)在最初6次访谈中被提及,12次访谈后有35个(97%)编码被提及。格斯特及其合作者由此总结,在分析的早期阶段,几乎没有什么遗漏。

　　这个实验调查了格拉泽和斯特劳斯(Glaser and Strauss,1967)认为与理论饱和有关的三个主题中的两个,即数据生成编码时的经验限制,以及每个类目的深度。他们的实验符合格拉泽的要求,即理论饱和应包括编码的方法,以及为增进概念密度改进这些编码的方法。但格斯特及其合作者(Guest et al.,2006)并未寻求通过使用不同的研究工具来开发数据资料的不同剖面,这是格拉泽和斯特劳斯理论饱和模式的第三个要素。事实上,格斯特及其合作者所采用的半结构式访谈工具是相当严格的,并且应用于所有60名参与者。这对该实验结果的任何解释及其在其他研究中的应用,都具有重要意义。

　　这项研究的重要发现是,经过12次访谈,107个编码中的100个(93.45%)已被发现,而且对这些编码的97%的修改也已完成。按理论饱和的客观主义扎根理论逻辑,因为已经涌生了非常大比例的经验性结果,所以理论也被发现。格斯特及其合作者(Guest et al.,2006)质疑,做12次以上的访谈是否有很大价值——最后的38次访谈耗费了大量资源,在理论发现方面只产生了边际性回报。

初看起来,在识别新编码或饱和现有编码方面,运用比较似乎也并不特别有成效。该实验没有报告每个国家用于接触参与者的三个高风险地点之间的差异。当尼日利亚的数据被添加到加纳的数据中并与之比较时,新编码的涌生和编码的改进都非常少。部分原因可能在于两国家性工作者之间经验的相似性,尽管格斯特及其合作者(Guest et al.,2006)确实强调了两国群体之间存在明显的重要差异。这种缺乏发现的情况是耐人寻味的,并且确实提出了这样的问题,即为什么没有获得产生新编码和改进现有编码的进一步见解。部分原因可能在于各国研究人员的开放性和理论敏感性。正如格斯特及其合作者(Guest et al.,2005)在另一篇论文中所认为的那样,在加纳和尼日利亚进行的访谈在方法上存在着一个重要差异。尽管这两个国家的访问员使用相同的半结构化访谈工具并接受相同的培训,但"尼日利亚的访问员并不轻易追问参与者,以致回答明显较短"(2005:287)。

$n = 12$,如何让人安心?

格斯特及其合作者的论文《多少次访谈才够? 一项关于数据饱和度和变异性的实验》(How many interviews are enough? An experiment with data saturation and variability,2006)对于那些为样本

量寻求合理性解释的质性研究者来说是非常有用的,能让他们安心。我至少听说有一位博士生导师告诉她的学生,根据这篇论文,他们的样本量应该是 $n = 12$。Methodspace最近的一篇博文也提出了类似的观点,提到了前文讨论的一种外部作用力:

> 我和一位最近毕业的博士生因质性研究的样本量小,而在某些期刊审查委员会那儿遇到了麻烦。我曾试图传达这样一个观点:饱和度比样本量更重要。有人有任何讨论了质性研究样本量的参考资料吗?……
>
> 我的学生有4位参与者,进行了两轮访谈,再加上成员检核(member check)总共有12次访谈。格斯特、邦斯和约翰逊(Guest, Bunce, and Johnson, 2006)发现,他们的研究包括60次访谈,但在12次访谈后就已实现了主题饱和。我用他们的研究结果来支持我学生的决定。

格斯特及其合作者(Guest et al., 2006)强调,在依赖他们实验的权威性来证明理论饱和度和样本量的合理性时,应该格外小心。首先,他们指出,如果研究对象有共同的经历,那么这种小样本可能会很好地发挥作用。在他们的研究中,许多女性都害怕被媒体曝光为性工作者,据作者说,她们的工作环境非常相似,样本的经历是相对同质的。研究设计的研究问题既相当有限,又强化了这种同质性。如上文所述,它询问很小范围的经历,每位参与者都被问到一组类似的问题。格斯特及其合作者(Guest et al., 2006)认为,如果没有这些因素(目标人群中普遍存在的相对同质的实质性经验,以及小心聚焦的、预先设定的方法),就无法在扎根理论方法中实现理论饱和。他们的发现,即访谈数量 $n = 12$ 就足够了,"不适用于非结构化和高度探索性的访谈技术",在那种情况下,饱和度"将是一个移动的目标,因为对新引入的问题要有新的回答"(2006:75)。

一旦被调查的现象被认为是动态的、情势的,并且最适合通过详细和深入的调查来探索,那么理论饱和原则就会显示出相当大的弱点。

还有令人信服的证据表明,在该实验的编码过程中,有一种反馈机制在方法的狭隘性和理论发现的狭隘性之间发挥着作用。尼日利亚迥然不同的性工作者中没有涌生新的编码,这令人惊讶。如前文所述,部分原因可能是尼日利亚的研究人员缺乏培训。但另一个因素很可能是戴伊(Dey, 2007)所说的理论充分性(theoretical sufficiency),即数据所唤起的类属依赖于研究者的猜测。他们严格执行对主题和编码的搜索,从而无须对所有数据进行编码,这反过来又排除了对被编码的事件和经验进行创造性诠释和解释的可能性。重点在于编码是简化或降低复杂性的手段,而非通过概念化使数据复杂化,正如阿曼达·科菲和保罗·阿特金森(Amanda Coffey and Paul Atkinson, 1996:31)所言,在任何数据分析过程中都应该"提出问题,并提供有关数据之间和内部关系的临时性答案"。

格斯特及其合作者(Guest et al.,2006)采用了简化的编码方法。需要多少访谈、观察、焦点小组、文档、单位或其他东西才足够,是一个数字游戏,基于一个经验主义和实证主义的假设,即质性研究的洞察是各部分的总和,经过适当的收集、简化和处理,以提供描述性答案。

如第一章所述,卡麦兹(Charmaz,2006)试图将建构主义扎根理论与它的实证主义根源保持距离,认为扎根理论的客观主义方法论有可能"将数据强行纳入预先设定的框架……(它)采纳扎根理论固有的聚焦性,并使它具有指导性和规范性"(2006:115)。她还认为,格斯特及其合作者的12次访谈结果"可能会生成主题,但不生成细节"(Charmaz in Baker and Edwards,2012:21)。

她认为,细节来自认识到混合质性研究方法应带来的丰富洞察。然而,除了这些观点之外,卡麦兹并没有远离扎根理论的微观经验主义立场。对于客观主义扎根理论所固有的诠释排斥,她的解决方案是重返数据,对之进行重新编码以确认新的线索。用亨伍德和皮金的话说,研究者应该:

> 避免拘泥于文献中特定的理论立场和关键研究,它们会公然引导研究者的观察方式,并阻碍与所研究之经验世界的互动过程。理论不可知论是比理论无知更好的口号……(2003,横线为原文中强调)。

219

在这种共同建构的叙述中，理论从数据中脱颖而出。这是对格拉泽和斯特劳斯所坚持的开放性和理论敏感性的重新构建，基于这样一种假设，即与经验世界的接触数量是关键，即使重点是参与的深度和广度。无论是客观主义还是建构主义扎根理论，都坚持认为样本的大小关乎饱和度。这两种方法都认为，理论饱和源于研究者数据编码时的中立性，通过这种编码我们可以确定一个数字，一个数据点的计数，正如摩尔斯（Morse, 1995:148）在客观主义传统中所看到的，"有足够的数据来建立一个全面的和令人信服的理论"，而卡麦兹（Charmaz, 2006:114）从建构主义的观点出发，认为"包括25次访谈的研究对于某些小项目来说或许足够了，但当作者的观点关乎人性或与已有研究相矛盾时，就会招致怀疑"。

使样本发挥作用

1659年，布莱斯·帕斯卡（Blaise Pascal）认为"自然驳倒怀疑论者，理性驳倒教条主义者"（引自 Lakatos, 1976:54）。更直白地说，实在论者总是发现他们对自然的解释不够，而经验主义者会发现他们的方法不足以完成任务。

基于最近的争论，扎根理论和理论抽样的经验主义是第一章的重点。扎根理论的关键在于通过编码将经验数据点转化为理论的程序是否正确。同样，理论饱和似乎提供了一种方法，通过该方法可以对研究中样本量的充分性做出判断。然而，正如我前文所述,只有通过简化和降低洞察的复杂性,才能对饱和度做出判断。

选择信息丰富的案例是目标导向性或判断抽样策略的首选策略。评估这些经验性案例的严谨性,对于它们所属的调查来说已经足够了。案例的数量也是这种务实考量的一部分。评估样本量的方式类似于,选择 14 + 1 种目标导向性抽样策略中的哪一种应用于某项特定的研究(见第二章),哪种策略能以最令人信服的方式为其目标受众最充分地反映所观察到的现实。

然而,对理论或立意抽样归纳策略的强解释,将关于样本量的讨论带入了另一个方向。关键案例使得智识工作与研究中的经验轮廓相结合,正如第三章所讨论的,任务是建立对社会过程在特定情境下、特定社会关系中和特定情况下是如何运作的解释。这种深入探索通过对案例(无论是典型的还是负面的)的策略性比较,解释了因果关系运作的条件。案例是通过自我封闭完成的,这种自我封闭将它与正在研究的因果作用力之外的任何东西分离开来。这样一来,样本量总是与研究的解释相关联。有足够的信息可以将"经验"解释为"涉及许多事件的复杂交互过程"(Lindesmith,1968:13,引号为原文中强调),任何更多的洞察都是多余的。归纳法在解释自然方面存在不足。自然界是一个开放的系统。对实在论者来说,样本总是从这个开放的、分层的系统中抽取的碎片。

对研究中所选案例合理性的任何实在论辩护,其重点都在于所收集数据的充分性(O'Reilly and Parker,2012)。这些合理性辩护不断受到预设理论的影响,这些预设理论塑造了我们对抽样对象的选择。其任务是演示如何利用现有的片段进行解释和诠释。实在论抽样策略考虑的是,我们可以设定样本在研究中做什么工作,以检验、改进和裁断不同的观念。

　　实在论质性研究者没有合理的方法论依据,用以提前告知最终的案例数量。如果他们提供了一个数字,那很可能是他们遵从了来自机构、伦理审查委员会、资助机构和/或期刊编辑等的外部作用力和倾向。他们不得不假定那些审查他们研究的人迷信一种伪定量的逻辑——认为访谈、焦点小组或所选择的任何工具的数量较多(通常不少于30个),就等同于研究结果是值得信赖的。

　　很多时候,研究计划和申请书中都会规定一个数字。这可以解释为样本量,但实际上它不是。这个数字是基于对现有人力和财力资源的评估而做出的一个估计值。它包括:计算研究工具的使用次数;估计招募参与者、应用工具处理生成的数据、将这些数据用于研究中的诠释和解释性工作,以及传播所产生的知识所需要的时间。此外,任何对潜在抽样单位的计算都将包括立意工作,即对研究有用的人或事(物)的不完整描述,选择这些具有特定特征的特定数量的单位是为了检验和改进中层理论。

　　虽然这项工作经常进行,但研究开始时声称的样本量不会反映在对案例的最终叙述中。这种案例化工作的开展出于两个原因。首先,所选研究单位的描述性基线在整个研究过程中不断扩展。我们最初认为的抽样对象,并不是我们最终选择的案例。其次,我们将在整个研究过程中,对观念和片段证据之间的关系进行加工和再加工。这是案例化的方法论工作。在任何研究中,最终都可以为案例的数量分配一个数字,但重要的不是案例的数量,重要的是你如何处理它们。正如艾玛·尤普里查德(Emma Uprrichard,2013b:7)所言,样本量经常被用于判定质性和量化研究设计的质量。但在实在论研究中,"如果没有进一步解释什么、如何以及为什么(它)起初可能是重要的",那么这一标准将变得毫无意义。

在本书的导论中,我建议通过颠倒传统的抽样解释来更好地理解质性研究中的案例选择。在实在论质性研究中,样本的选取并非一开始就被详尽地定义,而是以一种初步和宽泛的方式被概述。这充其量只是一种弱建构,可以提高人们对研究中的案例以及为什么选择它们的认识。关于这些案例将表征什么,在研究开始的时候看不出什么价值,但随着研究的进展,我们将从中获知很多东西。描述也将由使用变量和类属的脆弱说明转化为包含因果机制、情境和结果的强诠释和强解释。

并没有任何方法论上的理由需要确保预先界定的总体中的每个人或事物都有同等的机会被纳入研究。出于特定的理论原因,研究者可能会设计某种随机或分层案例选择策略。但是,就像策略一样,案例之所以被选择,是因为它们可以在研究过程中进行加工和再加工。案例选择使我们有机会尽己所能地去诠释和解释社会现象,以及独立于我们描述而存在的事物的力量。

第九章　质性研究中的案例选择

最后,我从实在论取向确认质性研究中案例选择的主要方法和实践特征,以此总结全书。

在实在论抽样策略中,正如本书所讨论的所有策略中普遍存在的那样,照搬量化研究中抽样的定义并将其逻辑应用于质性研究是不合适的。通过使用变量描述可观测的特征来定义总体,并确保该预先设定的总体中每个个体单位都有同等和可测量的机会被纳入研究,这种做法不适用于质性研究。

即便如此,抽样和样本仍然是质性研究方法的常用术语。我已经论证了动词"抽样"并不能恰如其分地描述实在论方法中的案例选择行为。同样,名词"样本"强调的是从预先设定总体中抽取出来的一个单位,但没有给出选择案例的方式。质性研究的目的是诠释和解释案例背后的复杂事物。选择案例是描述科学实在论质性研究进程的一种更好的方式。

实在论

本书所讨论的实在论是一个生成性分层现实模型。我的意思是,社会现实不是简单地通过对事件和经验的描述来呈现的,它远比社会、实践和自然世界的这些经验性特征要丰富和深刻得多。这个模型的第二个特征是,它是一个开放的社会系统。

这两个关键特征使实在论案例选择策略有别于本书第一部分所讨论的三种抽样策略。

- 第一章中讨论的理论抽样的版本是沿着从客观主义(实证主义)到建构主义扎根理论的连续统一体排列的。它们因共同的经验主义主题关联在一起,这对实在论者来说毫无价值。

- 第二章所讨论的目标导向性抽样的实用主义策略,在寻求信息丰富的案例并适当呈现这些案例方面,也类似经验主义的。在关于14+1种目标导向性抽样策略的叙述中,强调的是研究者在选择策略和策略组合以最佳方式研究某一特定社会现象时,运用自己的判断力的重要性。这是对实在论抽样策略的重要洞察,但指导选择的是理念而非数据。

- 研究者的智识工作是理论或立意抽样策略的核心，这是第三章的重点。实在论者可以认同这种解决理论和经验轮廓之间关系的工作。实在论方法与这种强归纳法的不同之处在于，它假设智识工作将导致案例的闭合，并声称所调查的案例是典型的；它是通过研究实践来确认对总体的代表性。对实在论者来说，描述性基线永远在延伸。

在实在论研究中，案例永远不可能是典型的，因为它们是生成性的。这些生成机制能影响行为并发挥作用。它们具有因果效能，确立了社会客体的真实性。在所研究的社会现象，以及为研究这些现象所选择的案例中，正是这些作用力、倾向和意向，得到了诠释和解释。

实在论研究试图找出观念和证据之间的关系，局内人对事件的看法和经历，以及局外人对引发变化的因果机制的理解之间的关系。诠释和解释总是临时的。它们被表述为模型，从一个复杂系统转移到另一个复杂系统的模型，以进行检验、改进和阐述。这些模型试图解释在什么情况下什么对谁起作用，以及为什么起作用。所有研究都必须支持自己的主张，实在论研究也不例外。案例的生态界限产生了一种同一性，一种在复杂开放系统中的联结与情境的表达。

在本书第二部分，我试图解决这些挑战，提出了一个质性研究中选择案例的模式，包括立意工作、目标导向性案例选择，以及以案例化方式对这些案例进行加工和再加工，以应对诠释和解释的挑战。

立意工作

在实在论案例选择策略中，理论（或不那么宏大地说，想法），总是先于证据的收集。研究者会将偏见、预断、理论、参考框架和概念带入他们的选择。这些概念、意义和意图就像我坐着写作的桌子一样真实存在，只是无法直接观察和描述而已。

除了这些概念（最好将之描述为选择案例的内部作用力）之外，还有外部作用力。有一些结构性因素，比如我们工作的机构和资助研究的机构，以及我们研究的参与者，它们激励、限制、阻碍和促成某些类型的研究。它们也会介入案例选择。

立意工作为理论的修订、阐述和重建方案奠定了在论案例选择策略中，不存在便利样本，目标导向性选设的观念所引导。

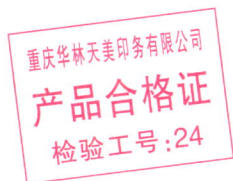

目标导向性案例选择

在立意工作的反身性和诠释性互动中，理论雏形得以构建，命题得到阐述，尽管如此，这些都是大胆假设出的。选择案例来构建系统，以检验、改进和阐述中层理论（这是将观念组织起来并与证据发生关联的一系列陈述）。当新案例挑战或重新确认公认的因果过程时,它们就变得至关重要。

案例的构成是生成性的,以检验和拓展中层理论。实在论借助反例、对立的事件和经验而蓬勃发展,因为这些异常现象需要被解释并被整合入理论中。

与策略性选择案例同样重要的是,认识到案例在研究中会发生转变。在最初选择案例时,总是使用变量进行描述,这些变量所指的是真实系统的痕迹。在整个研究过程中,随着观点和证据之间关系的厘清,对案例的描述会发生变化。这些都是研究中案例化方法论的体现。

案例化

案例化被用于构建系统,通过这些系统,可以对照证据来研判一系列观念,而证据则是事件和经验在特定情况下的智识。"这是一个关于什么的案例?"这个问题在整个研究过程中被反复提出,但从未得到完全的回答。这种案例化策略通过配置、再配置、融合和拆分的方式来转化研究中的案例,以最好地厘清观念和证据之间的关系,这是一个为比较、并置和判断观念而建立的系统。

这种转化意味着,研究早期对目标导向性选择的单位的描述,会在最终的案例叙述中得到相当大的扩展。这就等于说,我们最初认为的抽样对象,并不是我们最终选择的案例。案例化在厘清观念和证据之间关系的同时,削弱了对样本规模的伪定量执念。案例选择的实在论描述承认,任何研究的案例数量最终都可能被赋予一个数字。但是,重要的不是案例的数量,而是它们在诠释和解释方面所起的作用。

结论

在整个研究过程中,案例的选择、加工和再加工可以体现研究的曲折进程,即对观念的筛选、扬弃和改进。

在本书的导论中,我建议通过颠倒传统的抽样解释来更好地理解质性研究中的案例选择。在实在论质性研究中,样本事先只能进行弱化的阐述。这充其量是一种弱建构,可以提高人们对研究中的案例以及为什么选择它们的认识。随着研究的进展,我们将从中获知很多东西。描述将从使用变量和类属的脆弱初始说明转变为包含因果机制、情境和结果的强诠释和强解释,以解释在复杂的社会世界中,什么在什么时候什么情况下对谁起作用,以及为什么起作用,等等。

在考虑这些复杂性及其对质性研究案例选择的影响时,我想起了瓦尔特·本雅明(Walter Benjamin)在其巴黎拱廊计划研究中所收集的案例,以及它们的不完整性、补充、修订、阐述、再阐述和检取(Benjamin,1999)。当汉娜·阿伦特(Hannah Arendt,1971:51)更广泛地讨论本雅明的方法时,她援引了《暴风雨》(*The Tempest*)中爱

丽儿的歌①,并以此抓住了研究者在质性研究中选择案例时必须做的工作的本质:

> 就像一个潜入海底的采珠人,不是去挖掘海底,让它重见天日,而是去撬开……深处的珍珠和珊瑚,……作为"思想碎片",作为"丰富而新奇"的东西,甚至可能是一个(相对持久的)现象。

---

①《暴风雨》是英国剧作家威廉·莎士比亚晚期创作的一部戏剧,爱丽儿是剧中善良温顺的精灵。在第一幕第二场中,爱丽儿遵从普罗斯帕罗的命令,化作隐身的海中仙女,通过歌声吸引斐迪南的注意,引导他去见普罗斯帕罗。——译者注

参考文献

Abbott, A. (2001) *Chaos and disciplines*. Chicago: University of Chicago Press.

American Anthropological Association (1998) 'Code of ethics of the American Anthropological Association', < http://www.aaanet.org/issues/policy-advocacy/Code-of-Ethics.cfm > accessed May 2013.

Archer, M. (1998) 'Realism and morphogenesis', in M. Archer et al. (eds), *Critical realism: essential readings*. London: Routledge, pp. 356-382.

Archer, M. (2000) *Being human: the problem of agency*. Cambridge: Cambridge University Press.

Arendt, H. (1971) 'Walter Benjamin: 1892 - 1940', in W. Benjamin (ed.), *Illuminations*. London: Fontana/Collins.

Baker, S. E. and Edwards, R. (2012) *How many qualitative interviews is enough?* NCRM, National Centre for Research Methods Review Paper.

Benjamin, W. (1999) *The Arcades Project*. Cambridge Massachusetts: Harvard University Press.

Bernard, H. R. (2000) *Social research methods*. Thousand Oaks, CA: SAGE.

Bertaux, D. and Bertaux-Wiame, I. (1981) 'Life stories in the Bakers' trade', in D. Bertaux (ed.), *Biography and society: the life history approach in the social sciences*. London: SAGE, pp. 169-190.

Bhaskar, R. (1979) *The possibility of naturalism: a philosophical critique of the contemporary human sciences*. London: Routledge.

Bhaskar, R. (2008) *A realist theory of science*. London: Verso.

Blaikie, N. (2010) *Designing social research*. Bristol: Polity Press.

Blumer, H. (1956) 'Sociological analysis and the "variable"', *American Sociological Review*, vol. 21, no. 6, pp. 683-660.

Blumer, H. (1978) 'Methodological principles of empirical science', in N. K. Denzin (ed.), *Sociological methods: a sourcebook*. New York: McGraw Hill.

Bobadilla, J. L., Frenk, J., Lozano, R., Frejka, T. and Stern, C. (1993) 'The epidemiological transition and health priorities', in D. T. Jamison et al. (eds), *Disease control priorities in developing countries*. Bombay: Oxford Medical Publications for the World Bank.

Boudon, R. (1991) 'What middle-range theories are', *Contemporary Sociology*, vol. 20, pp. 519-522.

Bourdieu, P. (1996) 'Understanding', *Theory, Culture & Society*, vol. 13, no. 2, pp. 17-37.

Bourdieu, P. (2002) *The weight of the world: social suffering in contemporary society*. Cambridge: Polity Press.

Bourgois, P. (1998) 'Just another night in a shooting gallery', *Theory, Culture and Society*, vol. 15, no. 2, pp. 37-66.

Bowley, A. L. (1906) 'Address to the Economic Science and Statistics Section of the British Association for the Advancement of Science', *Journal of the Royal Statistical Society*, vol. 69, pp. 540-558.

Brody, H., Rip, M. R., Vinten-Johansen, P., Paneth, N. and Rachman, S. (2000) 'Mapmaking and myth-making in Broad Street: the London cholera epidemic, 1854', *Lancet*, vol. 35661, pp. 64-68.

Browne, A. (1987) *When battered women kill*. London: Collier Macmillan.

Browne, K. (2005) 'Snowball sampling: using social networks to research nonheterosexual women', *International Journal of Social Research Methodology*, vol. 8, no. 1, pp. 47-60.

Bryant, A. (2003) 'A constructive/ist response to Glaser', *Forum Qualitative Sozialforschung/Forum: Qualitative Social Research; Vol 3, No 3 (2002): Subjectivity and Reflexivity in Qualitative Research I*, vol. 4, no. 1.

Burawoy, M. (2009) *The extended case method and one theoretical tradition*. Los Angeles: University of California Press.

Byrne, D. (2002) *Interpreting quantitative data*. London: SAGE.

Byrne, D. (2012) 'UK sociology and quantitative methods: are we as weak as they think? Or are they barking up the wrong tree?', *Sociology*, vol. 46, no. 1, pp.

13-24.

Campbell, D. T. (1975) ' "Degrees of Freedom" and the case study', *Comparative Political Studies*, vol. 8, no. 2, pp. 178-193.

Carter, B. and New, C. (2004) 'Realist social theory and empirical research', in B. Carter and C. New (eds), *Making realism work: realist social theory and empirical research*. London: Routledge.

Charmaz, K. (2000) 'Grounded theory: objectivist and constructivist methods', in N. K. Denzin and Y. S. Lincoln (eds), *Handbook of qualitative research, Second Edition*. Thousand Oaks, CA: SAGE.

Charmaz, K. (2006) *Constructing grounded theory*. London: SAGE.

Charmaz, K. (2009) 'Shifting the grounds: constructivist grounded theory methods', in J. Morse et al. (eds), *Developing grounded theory: the second generation*. Walnut Creek CA: Left Coast Press.

Clark, A. (2007) 'Understanding communities: a review of networks, ties, and contacts', *NCRM Working Paper. ESRC National Centre for Research Methods*.

Clark, T. (2008) ' "We're Over-Researched Here!" ', *Sociology*, vol. 42, no. 5, pp. 953-970.

Clarke, A. E. (2009) 'From grounded theory to situational analysis', in J. Morse et al. (eds), *Developing grounded theory: the second generation*. Walnut Creek CA: Left Coast Press.

Coffey, A. and Atkinson, P. (1996) *Making sense of qualitative data: complementary research strategies*. London: SAGE.

Corbin, J. and Strauss, A. (2008) *Basics of qualitative research: techniques and procedures for developing grounded theory*. London: SAGE.

Creswell, J. (1998) *Qualitative inquiry and research design: choosing among five traditions*. Thousand Oaks, CA: SAGE.

Danermark, B., Ekström, M., Jakobsen, L. and Karlsson, J. C. (1997) *Explaining society: critical realism in the social sciences*. London: Routledge.

Daston, L. and Galison, P. (2007) *Objectivity*. New York: Zone Books.

Davies, K. (2011) 'Knocking on doors: recruitment and enrichment in a qualitative interview-based study', *International Journal of Social Research Methodology*, vol. 14, no. 4, pp. 289-300.

Deutsch, D. (2011) *The beginning of infinity: explanations that transform the world*. Harmondsworth: Penguin Press.

Dey, I. (2007) *Grounding grounded theory: guidelines for qualitative inquiry*.

Bingley: JAI Press.

Edwards, R., Ribbens, J. and Gillies, V. (1999) 'Shifting boundaries and power in the research process: the example of researching "step families"', in J. Seymour and P. Bagguley (eds), *Relating intimacies*. New York: St Martin's Press.

Elliott, J. (1999) 'Models are stories are not real life', in D. Dorling and S. Simpson (eds), *Statistics in society*. London: Arnold.

Elliott, J., Miles, A., Parsons, S. and Savage, M. (2010) 'The design and content of the "Social Participation" study: a qualitative sub-study conducted as part of the age 50 (2008) sweep of the National Child Development Study', *CLS Cohort Studies Working Paper*. Center of Longitudinal Studies. Institute of Education, University of London.

Emirbayer, M. and Mische, A. (1998) 'What is agency?', *American Journal of Sociology*, vol. 103, no. 4, pp. 962-1023.

Emmel, N. D. (1998) *Perceptions of health and the value placed on health care deliverers in the slums of Bombay*. Leeds: The University of Leeds, PhD Thesis (unpublished).

Emmel, N. D. and Clark, A. (2009) *The methods used in Connected Lives*. ESRC National Center for Research Methods, <eprints. ncrm. ac. uk/.../2009_connected_lives_methods_emmel_clark>.

Emmel, N. D. and Hughes, K. (2009) 'Small-N access cases to refine theories of social exclusion and access to socially excluded individuals and groups', in D. Byrne and C. Ragin (eds), *The Sage Handbook of Case-Based Methods*. London: SAGE.

Emmel, N. D., Hughes, K., Greenhalgh, J. and Sales, A. (2007) 'Accessing socially excluded people. Trust and the gatekeeper in the researcher-participant relationship', *Sociological Research Online*, vol. 12, no. 2:

Finch, J. and Mason, J. (1990) 'Decision taking in the fieldwork process: theoretical sampling and collaborative working', in R. G. Burgess (ed.) *Studies in Qualitative Methodology Volume 2*, JAI Press. Bingley, pp. 25-50.

French, S. and Ladyman, J. (2003) 'Remodeling structural realism: quantum physics and the metaphysics of structure', *Synthese*, vol. 136, pp. 31-56.

Gallup, G. (1944) *A guide to public opinion polls*. Princeton: Princeton University Press.

Gardiner, J., Stuart, M., MacKenzie, R., Forde, C., Greenwood, I. and Perrett, R.

(2009) 'Redundancy as a critical life event: moving on from the Welsh steel industry through career change', *Work, employment and society*, vol. 23, no. 4, pp. 727-745.

Geertz, C. (1973) T*he interpretation of cultures: selected essays*. Basic: New York.

Geertz, C. (1988) W*orks and lives: the anthropologist as author*. Cambridge: Polity.

Glaser, B. (1978) T*heoretical sensitivity*. Mill Hill CA: The Sociology Press.

Glaser, B. (2001) *The grounded theory perspective: conceptualization contrasted with description*. Mill Hill CA: The Sociology Press.

Glaser, B. G. (1992) *Basics of grounded theory analysis: emergence vs forcing*. Mill Hill CA: The Sociology Press.

Glaser, B. G. (2002) 'Constructivist grounded theory?', F*orum Qualitative Sozialforschung/Forum: Qualitative Social Research (2002), Subjectivity and Reflexivity in Qualitative Research I*, vol. 3, no. 3. ART12.

Glaser, B. G. and Strauss, A. (1965) *Awareness of dying*. New York: Aldine Publishing Company.

Glaser, B. G. and Strauss, A. (1967) T*he discovery of grounded theory: strategies for qualitative research*. London: Aldine Transactions.

Gobo, G. (2006) 'Sampling, representativeness and generalizability', in C. Seale et al. (eds), *Qualitative Research Practice*. London: SAGE.

Goodall, H. and Campbell, E. (2004) 'A city apart', in L. E. Lassiter et al. (eds), *The other side of Middletown*. Walnut Creek: Alta Mira Press.

Gooding, P. (2011) *Consumer Prices Index and Retail Prices Index: The 2011 Basket of Goods and Services*. Newport: Office of National Statistics.

Gorard, S. (2007) *Quantitative methods in social science*. London: Continuum.

Greenhalgh, T. (2008) 'New methodologies for systematic review', <*www. cochranechildhealth. ualberta. ca/.../Greenhalgh_New% 20methodologies% 20for%20 systematic%20review.pdf,*> accessed February 2010.

Greenhalgh, T., Humphrey, C., Hughes, J., Macfarlane, F., Butler, C. and Pawson, R. (2009) 'How do you modernize a health service? A realist evaluation of whole-scale transformation in London', *Milbank Quarterly*, vol. 87, no. 2, pp. 391-416.

Greenhalgh, T., Russel, J., Ashcroft, R. E. and Parsons, W. (2011) 'Why national health programs need dead philosophers: Wittgensteinian reflections on policymakers' reluctance to learn from history', *Milbank Quarterly*, vol. 98, no. 4, pp. 533-563.

Gubrium, J. F. and Holstein, J. A. (1987) 'The private image: experiential location and method in family studies', *Journal of Marriage and Family*, vol. 49, pp. 773-786.

Gubrium, J. F. and Holstein, J. A. (1997) *The new language of qualitative methods*. Oxford: Oxford University Press.

Guest, G., Bunce, A. and Johnson, L. (2006) 'How many interviews are enough? An experiment with data saturation and variability', *Field Methods*, vol. 18, pp. 59-82.

Guest, G., Bunce, A., Johnson, L., Akumatey, B. and Adeokun, L. (2005) 'Fear, hope and social desirability bias among women at high risk for HIV in West Africa', *Journal of Family Reproductive Health Care*, vol. 31, no. 4, pp. 285-287.

Hammersley, M. (1989) *The dilemma of qualitative method: Herbert Blumer and the Chicago tradition*. London: SAGE.

Hammersley, M. (2011) *Methodology: who needs it?* London: SAGE.

Hammersley, M. and Traianou, A. (2012) *Ethics in qualitative research: controversies and contexts*. London: SAGE.

Harvey, D. (2009) 'Complexity and the case', in D. Byrne and C. Ragin (eds), *The Sage Handbook of Case-Based Methods*. London: SAGE.

Henwood, K. and Pidgeon, N. (2003) 'Grounded theory in psychological research', in P. M. Camic, J. E. Rhodes and L. Yardley (eds), *Qualitative Research in Psychology*. Washington DC: American Psychological Association.

Hume, D. (1949) *A treatise on human nature*. London: J M Dent & Sons.

Igo, S. E. (2007) *The averaged American*. Harvard: Harvard University Press.

Kuzel, A. J. (1999) 'Sampling in qualitative inquiry', in B. F. Crabtree and W. L. Miller (eds), *Doing Qualitative Research*. London: SAGE, pp. 33-46.

Lakatos, I. (1976) *Proofs and refutations: the logic of mathematical discovery*. Cambridge: Cambridge University Press.

Lanchester, J. (2012) 'Why the super-rich love the UK (clue: it's not the weather)', *The Guardian*, 25.02.12, pp. 24-30.

Lassiter, L. E. (2004) 'The story of a collaborative project', in L. E. Lassiter et al. (eds), *The other side of Middletown*. Walnut Creek: Alta Mira Press.

Lassiter, L. E. (2012) 'To fill in the missing piece of the Middletown puzzle: lessons from re-studying Middletown', *The Sociological Review*, vol. 60, no. 3, pp. 421-437.

Letherby, G., Scott, J. and Williams, M. (2013) *Objectivity and subjectivity in social research*. London: SAGE.

Lincoln, Y. S. and Guba, E. G. (1985) *Naturalistic inquiry*. Beverly Hills: SAGE.

Lincoln, Y. S. and Guba, E. G. (2007) 'The only generalization is: there is no generalization', in R. Gomm, M. Hammersley and P. Foster (eds), *Case Study Method*. London: SAGE.

Lindesmith, A. R. (1968) *Addiction and opiates*. Chicago: Aldine Publishing Company.

Lynd, R. S. and Merrell Lynd, H. (1929) *Middletown: a study of modern American culture*. London: Harcourt Brace and Company.

Lynd, R. S. and Merrell Lynd, H. (1937) *Middletown in transition: a study in cultural conflicts*. London: Harcourt Brace Jovanovich Publisher.

MacKenzie, R., Stuart, M., Forde, C., Greenwood, I. and Gardiner, J. (2006) ' "All that is solid?" Class, identity and the maintenance of collective orientation amongst redundant steelworkers', *Sociology*, vol. 40, no. 5, pp. 833-852.

March, J. G., Sproull, L. S. and Tamuz, M. (2003) 'Learning from samples of one or fewer', *Quality and Safety in Health Care*, vol. 12, pp. 465-472.

Marsh, C. (1982) *The survey method: the contribution of surveys to sociological explanation*. London: George Allen & Unwin.

Mason, J. (1996) *Qualitative Researching*. London: SAGE.

Mason, J. (2002) *Qualitative Researching*. Second Edition. London: SAGE.

Mason, J. (2007) ' "Re-using" qualitative data: on the merits of an investigative epistemology', *Sociological Research Online*, vol. 12, no. 3, p. 3.

Mason, M. (2010) 'Sample size and saturation in PhD studies using qualitative interviews', *Forum Qualitative Sozialforschung/Forum: Qualitative Social Research*, vol. 11, no. 3.

Maxwell, J. A. (2012) *A realist approach to qualitative research*. London: SAGE.

May, T. and Perry, B. (2011) *Social research and reflexivity: content*, consequence and context. London: SAGE.

Melia, K. M. (1996) 'Rediscovering Glaser', *Qualitative Health Research*, vol. 6, no. 3, pp. 368-378.

Merton, R. K. (1968) *Social theory and social structure*. London: Free Press.

Miles, M. B. and Huberman, A. M. (1994) *Qualitative data analysis : an expanded sourcebook*. London: SAGE.

Mill, J. S. (2005) *A system of logic, ratiocinative and inductive*. London: Elibron

Classics.

Morse, J. (1995) 'The significance of saturation', *Qualitative Health Research*, vol. 5, no. 2, pp. 147-149.

Morse, J. M. (1991) 'Strategies for sampling', in J. M. Morse (ed.), *Qualitative nursing research: a contemporary dialogue*. London: SAGE.

Morse, J. M. (1994) 'Going in "blind"', *Qualitative Health Research*, vol. 4, no. 1, pp. 3-5.

Morse, J. M. (2007) 'Sampling in grounded theory', in A. Bryant and K. Charmaz (eds), *The SAGE handbook of grounded theory*. London: SAGE.

Moses, Y. T. (2004) 'Forward', in L. E. Lassiter et al. (eds), *The other side of Middletown*. Walnut Creek: Alta Mira Press.

Oliver, C. (2012) 'Critical Realist Grounded Theory: A New Approach for Social Work Research', *British Journal of Social Work*. vol. 42, no. 3, pp. 371-387.

Olsen, W. (2004) 'Methodological triangulation and realist research: an Indian exemplar', in B. Carter and C. New (eds), *Making realism work: realist social theory and empirical research*. London: Routledge.

O' Reilly, M. and Parker, N. (2012) ' "Unsatisfactory saturation": a critical exploration of the notion of saturated sample sizes in qualitative research', *Qualitative Research*. Online publication.

Osbourne, T. and Rose, N. (1999) 'Do the social sciences create phenomena? The example of public opinion research', *British Journal of Sociology*, vol. 50, no. 3, pp. 367-396.

Ostrander, S. A. (1993) ' "Surely you' re not in this just to be helpful" Access, rapport, and interviews in three studies of elites', *Journal of Contemporary Ethnography*, vol. 22, no. 1, pp. 7-27.

Patton, M. Q. (1990) *Qualitative research and evaluation methods*. Second Edition. London: SAGE.

Patton, M. Q. (2002) *Qualitative research and evaluation methods*. Third Edition. London: SAGE.

Pawson, R. (1989) A *measure for measures: a manifesto for empirical sociology*. London: Routledge.

Pawson, R. (2006) *Evidence-based policy: a realist perspective*. London: SAGE.

Pawson, R. (2013) *The science of evaluation: a realist manifesto*. London: SAGE.

Pawson, R. and Tilley, N. (1997) *Realistic Evaluation*. London: SAGE.

Plummer, K. (1983) *Documents of life: an introduction to the problems and literature of a humanistic method*. London: Allen and Unwin.

Ragin, C. (1992a) ' "Casing" and the process of social inquiry', in C. Ragin and H. Becker (eds), *What is a case?* Cambridge: Cambridge University Press.

Ragin, C. (1992b) 'Cases of "What is a case?" ', in C. Ragin and H. Becker (eds), *What is a case?* Cambridge: Cambridge University Press.

Ragin, C. and Becker, H. S. (1992) *What is a case?* Cambridge: Cambridge University Press.

Rist, R. C. (1981) 'On what we know (or think we do): gatekeeping and the social control of knowledge', in T. S. Popkewitz and B. R. Tabchnick (eds). New York: Praeger.

Rose, G. (1997) 'Situating knowledges: positionality, reflexivities and other tactics', *Progress in Human Geography*, vol. 21, no. 3, pp. 305-320.

Rota, G.-C. (1991) 'The pernicious influence of mathematics upon philosophy', *Synthese*, vol. 88, pp. 165-178.

Rottenberg, D. (1997) *Middletown Jews: the tenuous survival of an American Jewish community*. Bloomington: Indiana University Press.

Savage, M. (2010) *Identities and social change in Britain since 1940: the politics of method*. Oxford: Oxford University Press.

Savage, M., Bagnall, G. and Longhurst, B. (2005) *Globalization and belonging*. London: SAGE.

Sayer, A. (1981) 'Abstraction: a realist interpretation', *Radical Philosophy*, vol. 28, no. 2, pp. 6-15.

Sayer, A. (1992) *Method in social science*. London: Routledge.

Sayer, A. (2000) *Realism and social science*. London: SAGE.

Scambler, G. (2013) 'Resistance in unjust times: Archer, structured agency and the sociology of health inequalities', *Sociology*, vol. 47, no. 1, pp. 142-156.

Seale, C. (1999) *The quality of qualitative research*. London: SAGE.

Smith, D. M. (2005) *On the margins of inclusion: changing labour markets and social exclusion in London*. Bristol: The Policy Press.

Snow, J. (1855) *On the Mode of Communication of Cholera*. UCLA Department of Epidemiology, School of Public Health, <http://www.ph.ucla.edu/epi/snow/snowbook.html>.

Stake, R. (2008) 'Qualitative case studies', in N. K. Denzin and Y. S. Lincoln (eds), *Strategies of qualitative inquiry*. London: SAGE.

Strauss, A. and Corbin, J. (1990) *Basics of qualitative research*. London: SAGE.

Thomson, R. and Holland, J. (2003) 'Hindsight, foresight and insight: the challenges of longitudinal qualitative research', *International Journal of Social Research Methods - Special issue on Longitudinal Qualitative Methods*, vol. 6, no. 3, pp. 233-244.

Uprichard, E. (2013a) 'Describing description (and keeping causality): the case of academic articles on food and eating', *Sociology*, vol. 47, no. 2, pp. 368-382.

Uprichard, E. (2013b) 'Sampling: bridging probability and non - probability designs', *International Journal of Social Research Methodology*, vol. 16, no. 1, pp. 1-11.

Wacquant, L. J. D. (1998) 'Inside the zone: the social art of the hustler in the Black American ghetto', *Theory, Culture and Society*, vol. 15, no. 2, pp. 1-36.

Walton, J. (1992) 'Making a theoretical case', in C. Ragin and H. S. Becker (eds), *What is a case? Exploring the foundations of social inquiry*. Cambridge: Cambridge University Press, pp. 121-138.

Whyte, W. F. (1994) *Street corner society*. Chicago: University of Chicago Press.

Williams, M. (2000) 'Interpretivism and generalisation', *Sociology*, vol. 34, no. 2, pp. 209-224.

Wolfe, A. (1996) *One nation, after all: what middle class Americans really think about god / country / family / racism / welfare / immigration / homosexuality / work / the Left / the Right and each other*. New York: Viking.

Wright Mills, C. (1959) *The sociological imagination*. London: Oxford University Press.

Wuest, J., Merritt-Gray, M., Berman, H. and Ford-Gilobe, M. (2002) 'Illuminating social determinants of women's health using grounded theory', *Health Care for Women International*, vol. 23, pp. 794-808.

Yin, R. K. (2009) *Case study research: design and methods*. London: SAGE.

Znaniecki, F. (1934) The method of sociology. New York: Farrar and Reinhart.

Zuckerman, H. (1972) 'Interviewing an ultra-elite', *Public Opinion Quarterly*, vol. 36, no. 2, pp. 159-175.

译后记

在质性研究中如何选择研究对象？这是一个一直以来困扰很多质性研究者特别是初学者的重要问题。在国内的质性研究报告和学位论文中，一个常见的错误就是运用量化研究的抽样思维来选择研究对象。这个错误主要体现在两个方面，一是如何确定研究案例数量，二是如何体现研究案例对总体的代表性。以案例数量和代表性作为标准来考察质性研究案例选择的适当性，这本身就是一种量化研究的思路。有些质性研究者把量化研究的抽样方法套用到质性研究中，试图规避案例选择的可能偏差，其结果可能南辕北辙。

对于运用质性方法的学位论文，常见的评阅意见有"案例数量太少""建议案例数量增加到30个左右"等，而很少说明评判案例数量多少的依据。"30个左右"的标准只是统计学中大样本与小样本的理论界限。如果在控制一定误差的前提下，借用量化研究中抽样比的概念来计算质性研究所需的案例数量，其结果是质性研究者们所不能承受的。为保证有限数量案例的代表性，很多质性研究者以人口统计因素、地域分布等为指标，进行多样化的案例选择，但就所研究的问题而言，他们所选择的案例可能在理论上只是提供了相同或相似的信息，并不能保证涵盖研究问题的所有方面（也就是类属饱和）。因此，运用量化思维进行质性研究的案例选择，最后充其量只能得到低配版的量化抽样方案。

那么应该如何做？我们在这里先卖个关子，相信本书能够给您一系列深具启发性的建议。本书作者尼克·艾米尔（Nick Emmel）是实在论质性研究方法领域的领军人物，曾在英国、印度等地开展广泛的实地研究。在书中，作者以自己多年的理论耕耘和田野工作经验为基础，结合前人的探索成果，比较全面地介绍了质性研究中实在论案例选择的理论基础和具体策略，可以说是一项既有开创性，又深具总结性的工作。本书自出版以来，在质性研究领域广受好评，对于寻求严谨的案例选择方法的质性研究者和学生来说，本书是系统而简要的指导性文献。

本书的翻译工作由李明和童宗斌合作完成。全书包括导论和两大部分共计9章，童宗斌负责翻译导论和第1-3章，李明负责翻译第4-9。全书译文初稿完成后，资深学术翻译者马建平认真校译了初稿，并贡献了很多建设性意见。李明的研究生朱文杰也对译文初稿进行了逐字逐句的校对，纠正了一些翻译错误。两位译者综合前期校译结果，再互相交换校译了一遍，最后由李明对全文进行统一校订。在本书的翻译过程中，我们不断得到重庆大学出版社林佳木老师的指导和关心，还得到了很多朋友和学生的帮助和支持，在此深表感谢！尽管如此，译文中出现的任何问题都由我们负责。

李明　童宗斌

2024年9月15日

图书在版编目(CIP)数据

质性研究中的抽样和案例选择 /(英)尼克·艾米尔
(Nick Emmel) 著;李明,童宗斌译 . -- 重庆:重庆大
学出版社,2025.4. -- (万卷方法). -- ISBN 978-7
-5689-4881-4

Ⅰ.C811

中国国家版本馆 CIP 数据核字第 2024KM4930 号

质性研究中的抽样和案例选择

ZHIXING YANJIU ZHONG DE CHOUYANG HE ANLI XUANZE

[英]尼克·艾米尔(Nick Emmel) 著

李 明 童宗斌 译

策划编辑:林佳木

责任编辑:李桂英　版式设计:石 可
责任校对:关德强　责任印制:张 策

*

重庆大学出版社出版发行

出版人:陈晓阳

社址:重庆市沙坪坝区大学城西路 21 号

邮编:401331

电话:(023)88617190 88617185(中小学)

传真:(023)88617186 88617166

网址:http://www.cqup.com.cn

邮箱:fxk@cqup.com.cn(营销中心)

全国新华书店经销

重庆华林天美印务有限公司印刷

*

开本:890mm×1240mm 1/32 印张:8 字数:171 千

2025 年 4 月第 1 版 2025 年 4 月第 1 次印刷

ISBN 978-7-5689-4881-4 定价:49.00 元